love

love

今天起我們就是家人

從愛情到婚姻，
雖然不容易但一切很值得

馬修、馬修太太——著

作者序

太太和孩子給予我滿滿的幸福

有人跟我說，為什麼要結婚？幹嘛要為了一棵樹，去放棄整座森林呢？其實對我來說，如果遇見自己喜歡的，而且合適也值得的人，就算婚姻是個墳墓，跳進去也是值得的。

這本書對我們來說，有著特別的存在意義，因為裡面記錄也敍述著，我和太太從認識到結婚，還有生完小孩之後，漸漸體驗出的生活觀念，以及我們之間的相處模式和態度。其實人與人的交往，真的需要學習，也要用很多的心思，才能讓彼此相處得更舒服，更尤其是，共同約定相守一輩子的兩個人，因為結了婚住在一起之後，每天都會見面、相處，共同經營生活和家庭。

有了孩子之後，還要為了孩子的教育和成長，一起努力維持。相愛真的很容易，生活相處在一起也確實難，但是雖然很難不過卻也不是無法克服，就在於彼此願意用心的程度而已。其實很多的相處觀念也是在結婚之後，才慢慢學習和理解的，畢竟除了家人之外，從來沒和一個人相處生活過，所以很多的家事和習慣，都要重新學習。

太太對我和這本書，非常的有重要性，因為我的生活是因為有她，才會這麼的豐富和有趣；也是有了她之後，才有我每天的圖文創作，可以說我的文字和插畫的靈感來源，都是有她的存在才誕生的。因為她常常帶給我和孩子快樂，也讓我深深的感受到，結婚後的幸福，而我也由衷的希望我們這本書，除了分享我和太太對於愛情和婚後的相處觀念之外，也能為大家帶來更多也更大的幸福。

Matthew

CONTENTS 目錄

CHAPTER 01
婚姻是愛情的昇華

CHAPTER 02
成為幸福的一家人

CHAPTER 03
未來的路，攜手一起走

先生心裡話

成為我們之前

還記得那天下午四點半，天色已經有一些昏暗，我正在出發的路上。因為不想遲到，所以特別早出門，也因為這天是我和她的第一次見面，我有點緊張，也很雀躍。

她，就是我現在的太太。

一段珍貴的緣分

因為答應共同朋友的邀約，晚上要到中山堂一起看舞台劇，可能是因為太開心、太過緊張，從家裡到目的地明明只要一小時的路程，我竟還差一點遲到，遲到的原因到現在都覺得好笑：因為我太慌張了，所以跑去中正紀念堂後才發現跑錯了地方，便急急忙忙地趕快騎往正確目的地，把車停好之後，便一路狂奔到中山堂。

朋友看到我滿頭大汗便問：「你怎麼了？幹嘛這麼急忙用跑的？」

「我剛才到中正紀念堂，才發現我原來到錯地點了。」我邊喘邊說。

「沒關係，她還沒到，你不用那麼緊張啦！」朋友大笑。

我趕緊拿出衛生紙，快速地一邊擦著揮汗如雨的臉，一邊等待她時，想著這次的見面對我來說是多麼珍貴，之前因為和家人旅遊的關係，而認識我們共同的朋友，後來朋友把她介紹給我，才有了這次見面認識的機會。以前對於緣分這兩個字半信半疑，但和太太認識後讓我深信不疑，原來人跟人之間是真的有緣分存在的。

我還在整理心情時，看到一個很小很遠的身影，以快速的步伐慢慢往我們這邊走近，她走來時帶著開心的笑容，愉悅地跟大家打招呼。看著眼前這位活潑的女孩，我想我好像對她一見鍾情了，之後相處起來也都很愉快。交往後我問太太當時對我的感覺，她說第一眼覺得我太斯文了，好像不適合她，不過她自己也思考了一下，覺得應該給彼此一個機會，所以現在我們才能在一起。

現在回想起，如果當初沒和家人去馬來西亞旅遊，如果當時沒有那場朋友邀約的舞台劇，就不會有現在的我們，種種巧合都讓我覺得，緣分似乎早早就安排好了。

短暫的電影時光

舞台劇見面後，彼此都留下更深的印象，而我對她一見鍾情的感覺依然還在。之後我們仍保持著網路上的連繫，每天都聊得很熱絡，也因為有了第一次的見面後，讓我們對彼此多了一點熟悉感，也讓我多了些信心。雖然之前約她兩次都失敗，不過還好我依然鼓起勇氣繼續試著約她，也很幸運地，第三次的約會她終於答應了。

我們第一次單獨的約會是在西門町，那天我也很緊張，從捷運站出口出來後，我以極快的步伐走到電影院。因為自己一直都很喜歡英雄電影，所以當《美國隊長》上映之後，我也沒仔細思考，就直接選了這部邀她一起看。

「她應該會喜歡看吧？」我盯著電影看版自言自語。這時我才突然驚覺到，當初忘了問她喜歡什麼類型的電影，就自顧自地選了自己喜歡的，現在才開始有點擔心起來。這時，肩膀突然被人點了一下。「嗨～」

我轉頭看，她到了。「你在發什麼呆啊？」她笑著問我。

「嗯……沒有啦，我在看電影海報，那……我們拿票進場吧！」我緊張地說。

一進到戲院裡幾乎都是滿座的，找到座位後趕緊坐了下來，從電影開演到結束，內容演了什麼我完全沒印象，因為我整個心思都放在旁邊的女孩身上。等到散場時我才發現，手上的飲料一口也沒喝。後來我們找了一間餐廳坐下來，聊聊彼此也順便吃點東西，時間不知不覺地過得好快，天空漸漸暗了下來，她看了手錶說差不多要回家了，我陪著她慢慢地走到公車站。

一個勇敢的決定

時間過得太快，我還有點捨不得和她分別，一邊往車站走著的同時，我也一直在猶豫，是否應該直接表白了。

「嗯……我有點事想跟妳說。」

她問：「怎麼了嗎？」

我說：「其實……我很喜歡妳，我想妳應該也有感受到吧？我常常畫畫送妳，也很喜歡跟妳聊天，而且我可以跟妳保證，現在和將來的我都是一樣的。現在會對妳好，未來也一定持續對妳好，所以希望妳願意和我交往。」

她看著我認真地說：「和你認識到現在，其實覺得相處起來蠻開心愉快，但是要從單身再去和一個人交往，真的需要思考一下，可以給我一些時間考慮嗎？」

「沒關係，需要時間思考也是合理的，我也不想給妳壓力。」我笑了笑點頭說。

這時候她等候的公車也來了，我跟她道別，發呆似地看著公車離去。

也許是射手座的特性，從小到大以來的個性總是有點急，做事不喜歡拖泥帶水，有時候也因為這樣把事情搞砸。雖然我常常想改掉這個性，但畢竟跟了幾十年了，有時候想改也不是那麼輕鬆簡單，因此當她說需要考慮時，我意識到這個回應對我來說，一定是個非常痛苦的折磨，但畢竟交往本來就是需要多想想的事情，所以也希望她能好好思考清楚。雖然告白的當下有點害怕可能會被拒絕，但無論最後結果如何，至少我已表明了我的心意。

突如其來的好消息

跟她告白之後，過了一星期之後，她還沒給我答案，但我也不想給她壓力，所以一直在等她的回覆。記得那一天假日換我值班，其實我很不喜歡假日時上班，是因為朋友或家人都是六日休假，所以我總是跟不到家聚或是朋友的邀約，因此假日值班心情一直都不是很好。但這天，她突然傳訊息給我。

「今天外面下著雨，你有帶雨傘嗎？」她說。

「好在昨天的雨傘沒拿出來，很幸運。」我說。

「上次你問我的事，我考慮過了，嗯……我想我們可以試著交往看看。」她說。

「真的嗎！願意給我機會嗎？」「嗯。」

人生好像就是這麼不可思議，不愉快的一天中，卻得到一個這麼美好的答覆。

她接著說：「雖然這個對你來說是好消息，但我今天心情卻不怎麼好。」

「怎麼了？怎麼會這樣！」我緊張地問著。

「其實是工作的關係，今天不太順利，哎……」她說。

「現在方便講電話嗎？我打電話給妳可以嗎？」「嗯。」

今天是我們交往的第一天，當然要盡到男朋友該做的，女朋友難過的時候，就是要在她身邊鼓勵、陪著她。我馬上打電話給她，詢問事情的經過。經過我的一番鼓舞後，她變得比較振作、心情也比較開心了，互道再見後掛上了電話，不知道為什麼，此時我還是安不了心，還是覺得這樣做還不夠。

「這樣的鼓勵夠嗎？她會因為這樣而心情變好嗎？」我自問著。

在關係裡互相努力

我本來想午休的，卻在桌上翻來翻去睡不著，突然間腦裡浮出一部很感人的日本電影《1778》，故事內容敘述一個小說家因為太太得了癌症末期，所以他決定每天為她寫一則短文，鼓舞她勇敢對抗病魔的故事，而原本被醫生宣布只剩一年壽命的太太，竟然奇蹟地延長了一千七百七十八天的生命。

我心想雖然我不會寫作，但至少還可以畫畫給她，說不定她看到我畫給她的插畫後就會很開心，也能把一整天的不愉快全都拋開。這也是我一直到現在，每一天都畫一張圖送她的動機，到現在也已經持續快九年了。

從交往以來，每次和她約完會要各自回家後，我都會希望她能傳訊息讓我知道她平安到家了，但也許她以前比較沒有這個習慣，所以都是等到我打電話給她時，她才會驚覺自己不小心忘了。我們也因為這些事，常常在晚上通話，甚至每天都談到凌晨一、兩點。在感情上，因為有時候會被她忽略，所以時常覺得沒有安全感，我們也為此多次溝通，甚至吵過架。

直到結婚後太太才告訴我，其實那時候的她，有幾次真的累到很想提分手，但她還是努力地調整自己的習慣。雖然很辛苦，但想一想覺得至少我的出發點不壞，是真的擔心她、關心她；而她也為了我們彼此的關係，用心調整、努力接受我的要求，我才知道，原來我給她的壓力這麼大。直到至今我還是很感謝她為了我調整，而她也常常笑說，她覺得在我們的關係裡，個性心細的我像女生，而她才是男生，對於她說的這點，我好像也無法反駁。

一場精心策劃的求婚

共同相處的這段時間裡，我們過得很開心，雖然會有意見不同的時候，也偶爾有小吵架，但在我們的個性上其實是很契合的，也很聊得來，所以在這交往的一年半，也都很快樂也很順利。

我尤其喜歡她的個性，有點大剌剌又溫柔善良，也和我一樣都很喜歡動物，所以在交往一年半多時就決定要把她娶回家，也差不多該訂定求婚計劃了。以前常在網路、電視上看到許多令人感動的求婚，那時的我雖然單身，卻還是深受感動，所以一直覺得求婚對於女生來說非常重要，也是男生表達愛的一種浪漫。

於是我便展開了求婚計劃。我把從認識她的第一天，就開始畫的「每日一圖」印製成四本書，然後特別找了一間書店租借一個小時，把印製好的書擺放在店裡假裝正在販售，還找了很多她沒見過的朋友在店裡扮演客人，偷偷拍攝記錄她的反應。

現在每次看到影片，我們都還是笑得很開心，因為真的很有趣也很有意義。那時下跪求婚的我因為緊張，告白台詞也講得不知所云，中間她還故意戲弄了我一番，不馬上答應，不過後來可能因為大家的鼓吹，也可能是她都有看到我每天對她的付出，最後當然還是答應了我的求婚。

真心付出並不難

求婚這件事，我想每個人的看法大有不同，重不重要都是因人而異，對我而言，當然非常非常的重要，畢竟這是女人一生中很重大的決定，所以身為男人更需要表現出誠意。我的求婚方式也許不豪華，也不是多金的方式，但我想她應該能感受到，我對她的愛和認真；而且我知道女人需要的，不是一定要像偶像劇中，那種誇張、豪華的求婚。就像太太後來跟我說，其實她不一定要在這麼多人的場合進行多麼豪華的求婚，就算只有兩個人，她也會願意嫁給我，因為她看見我的誠意與付出。所以我想有時候女人要的，其實只是希望她的男人能夠表現出對她認真的愛而已。

兩個人相處常常會有很多想法不同，就像女人覺得求婚重要，而男人也許覺得不重要，這並沒有誰對誰錯，但如果規劃一個簡單而真心，又能帶給彼此快樂的求婚，這一點一滴的付出，我覺得很應該，也不會太難。

3 一場精心策劃的求婚

太太心裡話

原本以為他不適合我

我和馬修當初會認識，真的是很巧妙的安排。他當時和他家人旅遊，因為陪同團的一個三歲小妹妹玩耍之後，就被那個小孩黏了五天，也因為這樣他和我之間才有了共同的朋友——那位小妹妹的媽媽。她回台灣後，便透過我的朋友把馬修介紹給我了。

我們剛認識時先從網路開始聊天，當時他常常會畫插畫送我，聊天時也都很愉快，就這樣大約聊了一個月左右，他就想約我去看《哈利波特》了。其實那時我很猶豫要不要赴約，並不是不想跟他去，而是因為我從沒看過《哈利波特》系列的電影，怕可能看不懂劇情；另外也想到馬修如果是個瘋狂的波特迷，更擔心可能會聊不上話題，所以那次就拒絕了他。

後來第二次的邀約就更讓我有點錯愕了，他約我去台東看熱氣球，而且是兩天一夜的行程，雖然他說還有一些朋友要去，其中也有女性朋友，要我不用擔心。但是因為我們才認識了一個多月，甚至還沒見過面，當然會擔心安全的問題，因此這次的邀約我還是拒絕了。

在我們交往之後，我有跟他解釋當初為什麼拒絕去熱氣球之旅，因為一個沒見過面的人的邀約，我不太可能會答應出門過夜。聽我說完之後，他也尷尬說自己當時真的很傻、很白目，因為思考不周詳而感到抱歉。我也曾懷疑他當時的邀約懷有不軌的企圖，但認識好多年之後發現，其實他只是一個常常做事情都沒想太多，傻傻的射手男罷了。我常這樣虧他，我們也會因此一起大笑。

給予彼此相處的機會

在我拒絕他兩次之後，他說他很失望準備放棄追求我了，因為他覺得我可能不喜歡他。不過，就在那幾天之後，我們共同的好友突然說因為剛好有兩個人不能去看舞台劇，所以多出了兩張票，問我們能不能去，我和馬修都剛好有空，所以答應這次邀約，也造就了我們第一次的見面。

其實我對他的第一印象還算普通，為什麼這麼說呢？我覺得他看起來就像個好男孩，長得斯文也很有氣質，但一直以來我身邊或認識的男生，從沒有一個和他相似的，所以我其實有點猶豫，該不該繼續和他發展下去。不過經過幾天的思考，我想人也是需要經過相處後，才能了解彼此適不適合，說不定他這樣的人，才是最適合我的，所以才會給他一次機會，也算是給我自己一個機會。

自從和馬修見面、看舞台劇之後，對他有了更深的了解，畢竟人總是要見面、交談後，才能真正感受到對方的特質和感覺。他是一個讓人覺得很不錯的人，但我從來沒遇過這樣的男生，所以第一次見面時，雖然對他的印象不錯，但也想過這樣的男孩真的適合我嗎？

那個時候 MSN 非常流行，所以我們每天都透過它聊天，但因為工作的關係，也不是每次都有時間，聊的時間有時長有時短，卻從不間斷過。自從那天見過面後，他的表現還蠻積極的，也很常畫一些插圖送我，慢慢地對他開始有了一些好感。後來他也邀我去看電影，雖然這次的邀約是兩人單獨出去，但是認真考慮後還是覺得，畢竟人與人的了解，真的需要花一些時間，面對面相處後，才能更了解他真正的想法，知道他對人的態度和誠意，所以就答應了他的邀約。

投入戀情前的考慮

第一次的單獨相處，是他約我去看一部英雄電影《美國隊長》。其實我對英雄片沒什麼涉略，所以不太清楚這部電影內容是什麼，當下只希望不是怪怪的電影就好了，呵呵！看完之後覺得是不錯的電影，我問他為什麼選這部，他說看過一次覺得好看，所以想帶我再來看第二次，這點令我驚訝，沒想到真的有人電影會看兩遍。

電影結束後我們找了一家餐廳，一邊吃飯一邊聊天，不知不覺聊到天色一下子就暗下來了，眼看時間差不多，我告訴他該回家了，他說晚上女孩子在外面比較危險，所以想陪我去等公車。其實那時候才七點多還算早，不過因為他很堅持，所以就讓他一起陪著我等候。

從餐廳走往車站的路上，他沒什麼講話，臉上掛著緊張感，我問他怎麼了嗎？他回答沒什麼，我便沒想太多。走到公車站之後，他一開口就是對我表白。我聽著他吱吱唔唔地把對我的感覺，以及希望能和他交往的想法都說出來，其實我那時對他也很有好感了，但畢竟經過上一段感情的挫折後，還是會擔心害怕，我思考著：現在一個人也能過得開開心心，我真的還要再談戀愛嗎？我知道他在等我的答案，所以最後我說，希望他能給我一些時間考慮，畢竟再投入一段新感情真的需要一點決心，他也不介意，因為不想逼我也不想給我壓力。

在互相道別後，我坐上車回家了。

女人只求一片真心

那一天是我的姊妹日，因為馬修告訴我他有外拍的工作，所以不能陪我。表妹和我約好要出門，要我穿漂亮一點，因為她說要參加吳念真導演的演講，在去演講會場之前，要帶我去一間很美也很有名的世界百大書店。

一早我們吃完早餐後，表妹就帶我前往書店了，店裡空間不大，往裡頭看時早已擠滿了人。聽說老闆會到世界各地買書，所以書店裡的每一本書數量有限也很特別。我到處翻看發現一本馬修想買的書，拿起那本書時真的嚇了一跳，因為我看到一旁有馬修的畫冊，心中產生好大的疑問：「他什麼時候出書？什麼時候開始賣的？

我怎麼都不知道。」

我馬上撥了電話問他，他說之前有出版社找過他，但還沒跟我說，還在疑惑的時候，他竟然就出現在我面前了，書店裡所有的客人也一起笑了。他拿起那些印製的書，在我面前跪了下來，那時心裡已經大概知道是怎麼回事了。我對於求婚這件事當然會期待，但沒想到這天到來時，竟也有點緊張、有點害怕，因為我根本不認為這天會來得這麼快，但看到他很緊張的臉，讓我不禁笑了，好像瞬間消除了我的緊張感，也故意戲弄他一番。

我沒有立刻答應他的求婚，是因為想故意鬧鬧他，也利用那時在心中好好思考清楚，畢竟結婚是女人的人生大事，真的需要深思熟慮。其實我知道馬修一直以來都非常認真地對待我、用心付出，而且從認識我開始，就每天畫一張插畫送我，希望我開心；他對我的照顧比任何人都還細心，每次出門也都很小心地顧著我的安全，我也常常笑他細心的程度就像女人一樣，但我也知道，他是因為愛我才願意這樣付出，所以當他第二次告白後，我便毫不猶豫地答應了。

每個女人都希望另一伴對自己很專心，馬修就是這樣的一個人，讓我從不擔心，所以不管他有沒有求婚，我早已認定他了。這次的求婚雖然和想像的大不相同，但他的用心已經讓我非常感動了。我覺得女人要的求婚不一定是多大的排場，只是希望從過程中，感受到對方的用心，而這段過程也成為我們將來美好的共同回憶。到現在，我們還是常常會一起看求婚的影片，而每次看，我們都不禁地一起開懷大笑。

找到相處舒服的平衡點

從相處到相戀，從不相交的平行線，走到同一條線上，過程真的不簡單也不輕鬆，有些事情需要互相體諒，有些狀況需要將心比心，種種生活方式和價值觀，都是需要不斷改變、調整的，因為想一起生活就是要如此。

剛認識馬修時真的以為他很正經八百、不苟言笑，結果原來是個搞笑又三八、個性有點悶騷的男生。他也是後來相處後，才發覺我其實是大剌剌的女生，但他說其實他就是喜歡這樣的個性，這些發現對我們兩個來說，很新鮮也很驚喜。

人和人交往相處，本來就不是件簡單輕鬆的事，因為我們都不是完美的，有優點也有缺點，兩個完全不同家庭背景、教育和生活方式大相徑庭的人，個性當然大不相同，很多生活態度或處理事情的方式也都不一樣，所以彼此要互相了解的事很多，彼此容忍體諒的事更多，相處上都更需要互相磨合。我曾經跟馬修說，相處能夠長久的伴侶，彼此一定很相愛，也互相調整許多；我也告訴他，其實我們都不需要強迫彼此改變，只要找到觀念上的平衡點，也就很足夠了。因為每一個人都是有主見的，也都有自己的想法，但往往討論事情時，時常會被情緒所控制而吵架，導致最後只是為了想說服對方而已。

然而相處上的溝通，都應該是為了讓兩個人能更開心，所以就算每天只是一點點的微調，我都覺得已經很棒了，所以我也常跟他分享，我希望他改的壞習慣，不會要求他一天內就得改變，只要有心慢慢改，我都能感受得到，而且有心改變，就已經是很棒的態度了。

我們到現在都持續在互相調整，因為每天都會有新的事情發生，伴隨著孩子的出生，也改變了我們的生活狀態，關於教育或是照顧的方式，兩個人都會有不一樣的想法，也會因此產生衝突，但要怎樣達到平衡，也讓彼此都感到舒服，這是一輩子都需要學習的功課。

CHAPTER 01

婚姻是愛情的昇華

兩個人結婚後，生活有了大幅度的改變。
感情如何維繫、意見不合時該怎麼溝通？
這些相互扶持的日子，都是美好的祝福。

感情經營

熱戀後仍保有真誠的心

忙碌的生活中，仍然不忘空出時間給對方，好好相處、好好表達愛。

先生這樣說

剛和太太交往那個時期，我開始了半工半讀的生活，所以每天下班之後，都得要到學校繼續上課。時間被工作和學業占滿，對於剛開始交往、熱戀需要約會的我，根本是一件極為痛苦的事。有些老師上課非常認真，常常會延誤到下課時間，但每次下課的鐘聲一響，其實我的心早就按捺不住，想飛奔去找她了。

半工半讀真的很累人，在一整天辛勞工作之後，再花三、四個小時上課，有時候真的不免打了瞌睡，而這種生活對於剛熱戀中的我，除了體力透支外，心情上更是煎熬，因為能自由利用的時間變少，約會的機會和時間也都很難擠出來。所以每一次的相處，都是一種奢侈的美好。

用驚喜與付出灌溉感情

下課之後騎車到她家大概要花上一個小時，短暫見面後騎回家還要再一小時，雖然很累，但每次只要能看見她，就心滿意足了。有時候天氣再冷或者是下雨天，只要太太晚上有空，我也會在下課後過去找她，雖然見面的時間很短暫，但卻從沒澆熄我的動力，雖然有時候很累，但我覺得這就是努力經營感情的態度，而這個態度，我也一直維持到現在。

剛交往的第一天，我便開始每天畫一張插圖送她，不管當天是否發生小爭吵，或是和家人出國期間，無論何時何地，每天畫一幅插畫送她，是一件從不停止的事情，因為這對我來說就像是每天都在表達我對她的愛，而這當然也是一種付出，讓她知道我很愛她。不過她也從來不會把這個愛或付出當成是應該的，這對經營一份感情來說是相當重要的，因為如果一方的付出被視為理所當然，自然就不會好好珍惜，也不會想主動付出，所以我完全不擔心自己付出這麼多，因為她總是會回饋我更多的愛。

經營愛情本來就不是簡單的事，因為需要很多的用心，就像是我花了一、兩個月精心策劃的求婚，或結婚七週年的驚喜，又或者偶爾在下班時買她最愛的食物……每個人感情經營的方式都不盡相同，有些人可能是透過聊天談心，有些人會一起運動，有些人可能有共同興趣，所以方式並不是最重要的，最重要的往往是，你有沒有花時間經營彼此的感情。

想要一段長久美好的愛情，需要堅定的愛與澆不熄的熱情，還有顆真誠且認真的心。

方式不是最重要的，而是有沒有花時間經營感情。

太太這樣想

關於愛情的保存期限，都是取決於每一對情人的態度，你想要它存活得更長，就得更用心經營，每天都要對它用心澆灌，這份愛情才會獲得養分。但這些付出都是需要彼此一起努力的，若只靠單方面的經營，感情是無法長久的。

愛情很需要體貼和關心，在我們結婚共同生活後，先生看到我下班回家累得躺在沙發滑手機，常會默默地走到飲水機前，倒一杯水給我喝；也會在我腳痠的時候，幫我按摩消除疲勞；在我疲累時，扛起所有的家事和照顧孩子的責任。

愛情更重要的還有用心，先生壓力大時，或是在他需要我的時候，我會傾聽他的心事和難過，給他所有的依靠。只要他希望我在，任何時候我都會願意放下手上的事情，給他需要的一切。

感情裡也要懂得回饋

我覺得相處真的都是互相的，當你的另一伴很認真對待你們之間的愛情時，除了珍惜之外，更需要給予他回饋，因為經營本來就不應該只是單方面的付出。我可以很有自信地說，我們花在經營愛情的時間，絕對比滑手機或是自己的時間上，超過很多很多。我們相處到現在都一直很認真地經營感情，每一天我們都會放下手機和對方聊天，每一天我們都會表達彼此的愛，每一天我們都會互相幫忙、體諒，每一天我們都會想對彼此付出更多更多的用心。

我們總是很認真地對待對方，也很珍惜彼此的努力，所以才能一直維持這麼好的感情，因為美好的愛情，本來就需要彼此相互付出，並花很多心思經營才能擁有的，如果總是把別人的付出當成理所當然，又或者只想等著對方的付出，到最後，對方可能也會很理所當然地離開了。

愛的絮語

經營感情的祕訣，最重要的就是將對方放在心上，花時間好好相互陪伴，偶爾來點小驚喜、適時給予回饋，都是讓感情加溫的好方式。

興趣

做個參與對方喜好的情人

先生喜歡當宅男，太太喜歡外出逛逛，縱使兩人興趣大不同，
卻也能從中產生更多共同話題與情調。

先生這樣說

我的興趣就是運動、跑步還有打籃球、棒球，只要是能流汗的項目，基本上我都不會排斥，不過我還有另一個興趣，就是宅在家打電動。而太太喜歡的是外出逛街、郊外踏青，不過她也喜歡運動。

我們兩個人的喜好有些是相同的，也有部分不同，但我們從不強迫對方喜歡自己的喜好，而是會主動樂於嘗試，也會試著了解彼此的興趣。就像她喜歡外出，偶爾也會陪我宅在家打電動或看電影，我知道當宅女對她來說是非常痛苦的，但她從來不會跟我抱怨；有時候宅在家的那天，

我們還會去大賣場買一堆零食飲料回來，一起享受當宅男宅女的樂趣。

培養一起逛街的情調

太太也很喜歡逛夜市，因為有美食也有很多服飾店可以逛。我記得我們剛在一起時，每次陪她逛街對我的腳力都是一大考驗，不常逛街的我，其實腳常常都已經累壞了，所以我常趁吃飯的時候，好好讓腳休息一下。

她看到我在按摩小腿時，都會問我：「你腳是不是痠了？還是我自己去逛也沒關係。」

「沒事沒事，我只是比較少逛，練久了就會愈來愈強了。」我笑著說。

吃完晚餐後，她有時候又會繼續往人潮裡擠去。台灣的夜市真的很熱鬧，愈晚愈多人。

「這一間我大概看一下，我逛很快，你在門口等我就好。」她說。

有時候說逛得很快，但其實都不快。我心裡這樣想著。

接著，她就鬆開我的手往店裡走去了，一瞬間她已經淹沒在那家店的人群裡了，有幾次我真的都差點找不到她，轉頭想找個位置站著等她，這時候發現門口已經站滿了許多人的男朋友和老公了，這些人大部分都在等他們的另一伴，有些滑手機，有些吃東西，每次看到這個畫面，都覺得很可愛也很有趣。

多多參與彼此的喜好

我一直沒跟她說我並不喜歡逛街，也不太喜歡人潮多的地方，雖然不至於討厭，可是就是不喜歡人擠人的感覺，其實她從來也不會強迫我陪她逛，但每次我還是會希望陪著她。雖然不喜歡逛街，卻藉由陪著她時，從中找到一些讓我能感到趣味的地方，而且我也想在兩性相處中改變一些想法，畢竟每個人的興趣本來就不同，但如果不試著了解，就更別談會喜歡了，所以兩個人在相處交往的過程中，就應該要參與彼此的種種生活，不論是興趣、朋友、或家人等。

其實愛一個人，應該也要愛他所愛，所以我們才會非常投入彼此的喜好，希望製造更多的共同話題，也能更了解彼此的愛好。只要多花點心思、參與對方的興趣，我相信兩個人的話題會變得愈來愈多，心的距離也會靠得更近。

愛一個人，應該也要愛他所愛。

太太這樣想

每逢假日到人山人海的夜市，走在人潮裡時，腳不用動，人自然地就會往前邁進了，因為後面的人總是會推著你往前進。我們常利用休閒假日到處晃晃看衣服、看鞋子，只要能出門到處逛逛，不論是郊外還是逛街，我都會很開心，因為這是我很喜歡的興趣。

先生比太太還愛追劇

剛交往時，馬修每次都會陪我逛街，但他總是看起來有點累。其實我告訴他很多次了，我自己逛沒問題的，因為有時候一個人逛反而比較有效率，也不會讓他等太久，但他卻堅持想陪我。他說會累是正常的，因為他以前很少出門逛街，不過只要練久了，腳力自然也會變強；他還說反正都出門了，也可以看看現在流行什麼，對喜歡畫畫的他說不定也有幫助；多看不同的衣服搭配，也能增進他的審美觀，讓自己的穿搭更進步。

我平常還有另一個嗜好，就是很喜歡看綜藝節目、追偶像劇，平時不愛看明星的他，也會跟著我一起看。後來常常讓我感到驚奇的是，有些戲劇他竟然追得比我還認真、還著迷，有時候沒看到新的劇情甚至還會覺得懊惱。

雖然我愛追劇，但放假時我真的是需要出門走走，才會真正放鬆、體會到放假的感覺，和馬修這個只要放假就想宅在家發懶或是打電動的宅男相比，兩個人的嗜好實在是天差地遠。但我們感情還是可以很好、相處也融洽，我想絕大部分的原因是，我們都不會強迫對方喜歡自己的興趣，兩人都是自發性地想要了解、參與對方的生活。像是我不會玩遊戲，而且不太愛玩的人，也會試著陪馬修一起投入，就是想了解為什麼他那麼喜歡，也想多製造一些話題和他聊天。每個人聊自己的興趣，總是會聊得最開心，而我也想當那個可以跟他暢快聊天的人。

漸漸愛上彼此的興趣

他曾經說過以前出門時，只要看到大排長龍的攤販，不論是多有名、多好吃的美食，他一定會直接轉身離開。要花時間排隊這件事，我其實是可以接受的，雖然一開始他有點排斥，但久而久之，他好像也慢慢習慣了，後來我們總是能夠一邊排著隊一邊聊天，常常在嬉鬧開玩笑時，時間就不知不覺中過了，我們也就瞬間排到隊伍的最前面。

我覺得和不同的人相處時興趣會有所差異，這是絕對正常的事情，如果兩個人興趣都一樣，我只能說真的是很幸運，才能遇到一個這麼相似的另一伴，但就算興趣大不相同，只要願意試著參與、試著了解，說不定也會愛上彼此的興趣。就像我們在排隊一樣，雖然排隊時間總是很漫長，但至少我們是在快樂中度過的。

願意了解對方的興趣，成為彼此身邊可以暢聊的好情人。

愛的絮語

不同生長背景的兩人，興趣也會有所差異，若試著了解對方的喜好，從中製造更多共同話題，或許你也會愛上彼此的興趣，每天都會過得更甜蜜。

安全感

讓對方更安心的舉動

有人認為隱私很重要、異性朋友不可少，若你愛的人很在意這些，只有適度溝通、調整，感情才能走得更長遠。

先生這樣說

太太說：「老公，你手機借我一下，我想看一下你幫我和兒子拍的照片。」

我總是會說：「嗯，拿去啊！密碼是……」

家中只有一台我的桌上型電腦，太太常會跟我借用電腦，因為她需要上網查資料，有時候看看我拍攝的影片，偶爾也會拿著我的手機，瀏覽她和小孩的照片。只要她想借，我都會很大方地直接給她，因為從來不覺得這方面有什麼需要隱瞞的，但我相信很多人一定會開始思考，每個人應該要有自己的空間，也要有自己的隱私才對，不是嗎？但在我的相處之道裡，從來不認為應該如此。也許我的觀念不一定是正確的，但一直以來我都相信，能給對方厚實的安全感，比保有隱私更重要。

我下班後幾乎都會直接回家，就算每天這麼規律，還是會在下班之前打一通電話給太太報備，也提醒她回家時注意安全；她也一樣，只要出門逛街或理髮，到達目的地的時候，也會打電話給我。雖然在交往初期時，她很不習慣報備這些事，偶爾也因此產生小爭吵，但我試著溝通，也認真地告訴她，其實互相報備是要知道彼此都平安。後來她漸漸了解、接受我的用意，很快就習慣了，再也不會嫌囉嗦也不覺得麻煩，因為她知道，彼此的報備也只是希望讓對方更安心而已。

從生活中培養安全感

和太太在一起這八年來，太太對我的信任，我想應該有百分之百了吧！也許是我在路上從不看女生，又或者是每天為她畫一張圖，更重要的是，我沒有任何的紅粉知己，所以更準確地說，是我對她的態度，讓她獲得滿滿的信任感。

兩人相處中，其實有很多的小細節是需要花心思的，像是不忘記牽著她的手、保持報備的習慣、專注力永遠放在對方身上、也很願意花時間經營感情。只要肯用心，絕對會讓彼此產生更大的安全感，因為信任感需要建立，更需要保持。

也許很多人會覺得打電話報備可能很麻煩，個人隱私很重要不容侵犯，又或者異性朋友絕對不能少，但如果你愛的他很在意這些事情，我想也只有適度地調整、花時間溝通、相信彼此，才能走得更長更遠。

安全感就好像風箏一樣，互相信任、牽引著對方，一旦你不小心放手了，等到它飛得愈來愈遠，飛走了以後，可能就再也回不來了。

能給對方厚實的安全感，比保有隱私還重要。

太太這樣想

交往的第一天，他便給了我很大的安全感，因為他對我的付出、信任和用心，一直到現在都沒有停過，也從來都不曾缺少的。

其實我也是認識他之後才知道，原來真的有比女生還更細心的男生，因為他從來都不會讓我擔心，不論去運動、和朋友約吃飯、上課或回家，每一次都一定會和我報備；每次和我出門時，他也不太會到處看女生，和異性也都會保持適當的距離，所以在安全感這方面，他總是讓我很放心也很安心，相對地，他也希望我能做到。

對我而言，他做的這些是我覺得很重要、也很認同的事，因為互相報備是很基本也應該做的，只是和他相比之下，我在這方面就顯得大剌剌一點，因為有時候還是會不小心忘了報備。就像剛開始交往時，還常常為了這些原因而爭吵，也花了很多時間在溝通。但在這個過程裡，他總是試著告訴我，其實他不是要緊盯我的行蹤，是希望能知道我很平安。

報備是為了彼此都能安心

自從和馬修交往開始，他便會常常打電話關心我人在哪、跟誰在一起、會幾點回家，他說這不是查勤，而是不放心一個女生在外面逗留。我一開始都會說：「好，我到目的地會打給你報備一下。」但是每次到了目的地見到朋友，女生話匣子一打開根本就停不下來，等到聊了十分鐘，就會接到他打來的電話詢問說：「到了嗎？」

我說：「到了啊，但是忘了打電話跟你說了。」

下一秒會聽到話筒傳來不悅的口氣：「不是跟妳說要打給我嗎？」

我說：「跟姊妹一聊天就忘了。我都有跟你說是要跟姊妹吃飯，你幹嘛還不相信啊？」他回：「我不是不相信，而是想要確保妳的安全。」

當下發現原來男生也是需要安全感的，而我的報備就是給予他安全感。

例如回到家一定要告知他一聲，好讓他可以安心。每次想到他的話，還有總是不忘報備、對我的用心，讓原本很不適應這種方式的我，也慢慢地調適了，因為他願意給我安全感，相對地，我也應該給他。

我們結婚後對於安全感的態度都保持不變，一直都以彼此為重心，下了班以家、以小孩為主，他幾乎都是下了班就會馬上回家陪我、陪小孩，而我當然也一樣，雖然偶爾去剪頭髮或逛街，也都會跟他報備。

兩人在相處上，給予彼此安全感是必須要擺在第一的，因為這樣能更鞏固感情，對彼此也才能更放心，如果失去這份安全感，兩個人之間增加的只會是猜忌感與更多的不信任感，而這些也只會更傷害感情而已。

愛的絮語

到哪裡都要報備並不是緊迫盯人，而是希望彼此時時刻刻都能安全；以對方為重心，省去傷害感情的猜忌，才能建立彼此的信任。

家事分擔

分工合作打理我們的家

一個沒做過家事、一個有潔癖，一起生活後不僅要面臨習慣的磨合、家事的分配，能把家裡打理好的夫妻，感情才會愈來愈好。

先生這樣說

老家除了我和媽媽以外，還有哥哥一家四口，因為顧慮到和太太結婚後再住一起可能會太擠，所以就搬到外面住了。每件事其實都是一體兩面、有好處也有壞處，好處是在外生活很自在、很自由；壞處就是所有的家事都要靠自己打理。

做家事對很多人來說，也許非常輕鬆簡單，但因為我以前住在家裡時，很多家事都是媽媽打理的，連自己的房間也很少整理，所以對我來說不論是洗衣服、洗碗、掃地、拖地等，既陌生又困難。

在結婚以前我真的完完全全不會做家事。還

記得有幾次要洗碗，媽媽總是說：「你不會洗啦，我來就好。」就把我推開了，但獨自在外生活後，每次回想起那時的自己，都覺得有點對不起媽媽，我當時應該跟媽媽堅持表達要洗碗，就算不會也要學著做，因為家是一家人共有的，那些家事和責任本來就不只是她要負責，我也應該一起分擔才是。

不計較對方付出多少

生活習慣跟了自己幾十年了，真的不太容易改變，就像每次下班一到家後，總是把脫下來的襪子隨手丟在地上；晚餐我也會帶回房間，邊吃邊看電視，這些壞習慣在結婚後被太太唸了好多次也慢慢地改變了。

對做家事十分笨拙的我，會把衣服和襪子丟在一起洗，洗碗也常因為沒仔細搓汙垢、洗完也沒檢查，常常會被太太說打掃得不夠乾淨。雖然太太常笑我就像是個生活笨蛋，不懂得照顧自己，連基本的家事都不會，但她也說每個人對乾淨的標準不同，還誇獎我的優點就是肯學、願意付出，這樣就很棒了。

我很幸運遇到太太，因為她很有耐心教我做家事，也很願意接受我做得不好的那一面，所以我更願意付出。家庭是夫妻共有的，所以不管是感情、還是家事方面，都應該要共同去努力維持。我們是雙薪家庭，每天下班後都很疲累，說實在的，如果能休息誰會願意做家事？但家就是這樣，不維持、不付出就不會更好，如果每天還要計較誰做得多誰做得少，那這個家除了增加不必要的爭吵，也會漸漸失去愛。

太太這樣想

我是一個很愛乾淨的人，不，嚴格說來，我更像是個有點潔癖的人。碗盤洗完後我一定會再次觸摸、仔細檢查，拖過地後會拿吸塵器再吸一遍，還有最重要的是，沒洗過澡絕對不能躺在床上，當然房間也是完全禁食的，但老公和我相比，是個完全相反的人。還記得第一次去拜訪他家參觀了房間，才發現他原來是個不太會做家事、也不太會整理的人。

他的房間真的很髒，有滿滿的灰塵，地面還有一些餅乾屑，甚至會出現我最害怕的蟑螂。我問他是不是很少打掃房間，也常常在房間吃東西，他不好意思地點了點頭。後來再去他家時，忍不住地問：「你家有吸塵器嗎？」他居然說：「我不知道放在哪裡。」可見他真的沒在做家事。

後來幫忙把房間整理了一番，也順便告知該如何保持整潔、陪他一起打掃房間。房間變得很乾淨又整齊，他也非常滿意，雖然下次再去拜訪前不知道是否能夠保持乾淨，但是至少他是願意整理的。很多時候不是一句我不會、我不知道，就可以什麼都不做，若是如此，另一伴是不是也可以乾脆說不想做？雖然我一直希望他之後都可以自己打理，但我也從不強迫，因為我想過他可能是從小的習慣，短時間內也沒那麼快能有所改變。

無法盡善盡美，也盡力而為

結婚後他那些不良習慣也跟著住進來，以前還能偶爾忍受一下髒亂，但同居後坦白說，真的無法忍受。看到他亂丟襪子、電腦桌亂七八糟，做家事毫無章法，就算和他溝通好多遍，也不會馬上改善……縱使如此，他有一個很棒且很重要的優點就是，交待他的家事都會去做，也從不抱怨。

自從生了兒子之後，彼此的責任變得更大也更多了，除了照顧小孩之外，還需要分擔一堆家事。星期六我都要上班，所以他必須一個人照顧小孩，對於他這個以前都需要媽媽打理生活的人，現在能獨自一人帶孩子，我已經覺得很厲害了，更讓我感動的是他不僅孩子能顧好，還把家事都做完了，所以我真的認為很多事情都只是願不願意付出而已。

雖然到現在，有時候他做起家事還是馬馬虎虎，每次拖完地後我還得再拖一次，有時候衣服還沒乾他就把衣服收下來，但我想想，每個人做事情本來就會有不同標準，有些人要求完美，有些人只要六十分就可以了，他可能就是只要及格就滿足的人。雖然他有很多的家事都不能做到盡善盡美，但他總是願意付出，願意學習，也很體貼地一起分擔，光是這些優點，我已經覺得他真的很棒了。

愛的絮語

有些人對於打掃就是不得要領，但只要願意花時間做家事、照顧孩子，縱使家務不能拿滿分，在另一伴心裡，肯定是個最完美的家人。

彼此的家庭

願意為對方的家人付出

結婚後與家人的相處機會變少，兩人仍不忘把握時間陪伴他們，也花更多心思關心對方的親人。

先生這樣說

我還很年輕的時候，聽過很多已婚的朋友都說結婚這件事情，其實不單單只是兩個人的事，更是兩個家庭之間的事。那時候的我還是單身，所以完全聽不懂他們所說的，一直到結婚之後，才慢慢懂了這個道理。

我們家中有四個孩子，兩個姊姊一個哥哥，我是老么排名老四，因為和哥哥、姊姊有較大的年齡差距，所以我在家中備受呵護，尤其姊姊們對我更是疼愛有加，有時候我都覺得好像有三個媽媽似的。我想也是因為對我的疼愛，所以在我結婚時即將搬出去獨立生活，媽媽和姊姊都非常捨不得，媽媽甚至透露我搬出去後，她還哭了好幾天。

自從住在外面，和家人相處的時間自然變得更少了，上班族的我們除了假日回老家陪家人，也難以抽出其餘時間，然而當難得的休假來臨時就想在家放鬆休息，所以有時候也懶得回老家。但太太每次都會提醒我，我們已經沒和長輩住在一起了，假日更應該常常回家陪他們，就算只是短短幾小時也好，讓長輩看看孫子也是應該的。她說的這些話讓我很感動，因為畢竟那是我的老家，不是她的，但她總是當成自己家在關心；而且每年除夕夜，我總會想在老家住個一、二天，她也從不反對，也會陪著我一起和我的家人度過。

把對方家人當作親人看待

只要每次回去，太太總是會對我的家人噓寒問暖，和他們的感情非常好；她也會常常和我的家人一起出門遊玩，甚至是出國旅遊。每次看她這麼用心經營和我家人的關係都非常感動，也向她道謝，但她總會説：「孝順長輩本來就是應該的，而且你的家人，也是我的家人啊！」

我和太太的家庭背景有一個共同點，就是父親在我們年輕時過世了，因此一路以來也學習了很多。我覺得人總是會在一些事件發生後，意識到有更珍貴的事情需要守護。我想是因為父親的離去，使我們變得更成熟，讓我們更愛著家人，也更重視和家人相處的時間。結婚就是兩個相愛的人共組家庭一起生活，除了愛著另一伴，也要繼續愛著原生家庭。

從相戀到結婚的現在，我們一直都是愛著對方所愛、喜歡彼此的喜歡，我知道她不只愛她的親人，也愛著我的家人，正因為她一直這麼用心，所以我也會把她的親人，當作我的家人去愛。

我和馬修相同的地方就是，經營彼此的家庭關係，從不懶惰。

太太這樣想

一直以來，家人對我而言是最重要的，而身為家中唯一的女孩、爸爸的前世情人，很自然地特別受爸爸的寵愛。爸爸對我特別要求也極度嚴格，我想因為是想保護我吧，畢竟很擔心我一個女孩會吃虧被騙。但在我二十多歲時，最愛的父親因為肺出了一些狀況，臥病好多年，後來因病過世，我和家人傷痛了很久。

爸媽很希望我能找到一個愛我、也會照顧我的人，所以對我的對象一直都非常嚴格。和馬修交往時，他常常會來我家坐坐，還記得帶他回家面試那一天我很緊張，因為擔心若過不了母親那關，可能會影響將來的交往，結果是我操心太多了，媽媽好像對他很滿意，可能是因為他的老實臉，也很願意和長輩聊天，所以很容易有長輩緣吧！不過他跟我哥哥、弟弟也都相處得很愉快，我想是因為他很願意經營和我家人的關係。

重視和彼此家人的相處

母親是個很傳統的女性，常常會教育我當一個女人應該怎麼樣，當人家老婆時應該要如何，還有當媽媽時必須要有的態度。雖然媽媽說的我不完全接受，但大部分和我的想法是一致的，就像逢年過節，母親教育我到別人家裡一定要帶伴手禮，所以和馬修交往時到他家過節，我一定會買著禮物過去，雖然他每次都跟我說不用，但我還是很堅持地跟他說：「這是一種禮貌，也是重視你家人的態度。」

我知道馬修很孝順，自從他父親離開後，也更重視和母親的相處，所以他搬出來住之後，一直都很捨不得家人。我很了解他的感受，因為在我父親離世之後，我也愈來愈重視和家人的相處，所以結婚後只要我們有空，就會常常回家陪陪他的家人。有時候馬修還覺得我好像比他更想回婆家，我跟他說，其實因為我們沒跟婆婆住，很多重擔都是在哥哥、姊姊身上，常回家本來就是應該的，而且和婆婆、小姑一起出國玩，也會讓彼此的感情更加親密。

我想我和馬修都有個相同的地方，就是我們對彼此的家庭經營從來不懶惰，而且還很樂於經營關係，因為知道馬修愛我的家人，因此我也很願意為他的家人付出。

愛的絮語

婚姻是兩家子的事，多陪陪彼此的家人、多關心他們，不僅能讓夫妻感情升溫，也會因此獲得兩倍的幸福。

付出感情的比重

不計較才能走得更長久

付出，可以是每天畫一張插圖，多幫忙一些家務，雙方面都有付出、反饋，才是平衡又幸福的婚姻。

先生這樣說

我相信每個人都想被愛、被呵護，也希望在自己的生命中，會出現一個能全心全意對自己好的人，但我們常常因為太在乎自己、太愛自己了，眼裡看到的總是對方付出不夠的那一面，卻忽略了自己是否付出太少。

看過也曾聽過許許多多的戀人們，從一開始如膠似漆的熱戀期，感情最後變得淡而無味，心裡雖然總想著要好好經營，但又不想先努力，總是一味地等著對方付出，甚至到最後，可能彼此最在意、在乎的，早已不是一起為愛付出，而是計較誰付出的多，誰付出的少了。

就拿我當作例子，自從和太太交往的第一天，我就開始每天畫一張插畫給她，就是為了治癒她的不開心，雖然畫得不是很好，卻是我對她滿滿的用心。在這兩千多個日子裡，不論生病或多晚下班，甚至是出國，我堅持每天都會畫一張圖給她。

我的這些付出，其實並不是為了得到她的任何回報，只希望她看到插畫後能丟掉不愉快，開心過每一天，這樣對我來說就已經很滿足了。當然太太在愛情的經營中，也付出極大的用心，所以我們才能有深厚的感情，一起走到今天。

用心不讓愛失衡

不可否認的，相處和付出需要平衡，愛得太多或是太少都不是一件好事，只有相對的付出，愛才不會失衡，因為感情是互相的，不能只有單方面付出，一旦感情嚴重失衡時，也只能選擇放棄。

在愛情裡的平衡當然是重要的，但對於付出比重太錙銖必較時，就有點太過頭了。如果我們每天一直計較著：我多顧了小孩一天，你少陪小孩兩天，你沒洗衣服，我卻多拖了地，我想就算當初是多麼愛著彼此，到最後感情也會完全被消磨掉的。

有時候，我付出多一點，也有時候，太太多付出了一些，我們並不會把這些事拿來苛責彼此，因為，這只是我們想對彼此好而已。計較的當下先試著冷靜下來，想一想剛認識交往時，你會願意全心全意的付出、無怨無悔的用心，是不是也只是想對他好？想要對方開心？其實對彼此好的動機，也只是這麼簡單的初心而已。

也許傾全力付出時，不一定會得到回饋，甚至也可能會失去，但我還是覺得，如果想要擁有一份好的愛情，真的需要全心全意付出的。

太太這樣想

我覺得人與人相處時若單方面接受別人太多，或者是太大量的付出，都不是一種好的交往方式，在很多事情上都應該要平衡才能更長久，尤其是在夫妻、情侶之間。當關係失衡、出現問題，往往都是因為總是在付出的人，心裡開始產生不平衡的感覺。

從以前和先生交往時，每一次約會，不管吃飯、看電影還是各類支出，他都很堅持要付錢，可能覺得這是男人應該做的，又或者是男人自尊心作祟，不管怎樣，雖然我知道他是想對我好，但有時候也會希望偶爾是由我來付錢，一方面不想讓他付出太多，另一方面希望他也能感受到，我有替他著想、對他好。

身為女人，總希望有個呵護自己、對自己百依百順的老公，而先生正是一個細心體貼、比我還更像女人的人，有時候更細心到發現我都沒注意的事。

我其實很開心他對我全心全意的付出，所以在剛認識初期時也曾經告訴他，我知道他很愛我，但不希望他衝太快，因為我怕當感情比重失衡時，可能就會出問題。因為不小心太享受別人對我們的好，久而久之習慣以後，也會把對方的付出當成是理所當然了。所以，兩人一起往前的步伐應該要一致，接受對方的心意，也要相對的付出。

先生自從我們交往第一天到現在，每天都會畫一張插圖給我，我知道他是因為愛我，也希望我開心，就算至今都沒停過這份心意，我也沒有把這個舉動當成是理所當然、視為他本來就該做的事，因為當一個人對自己付出時，更應該要學著珍惜，也要用相對的心意去對待他。

愈能達到平衡的對等關係，感情才能走得更長更久。

愛的絮語

婚姻裡需要不時回頭找到初心，比如計較彼此付出多少時，應該回想熱戀時，全心全意付出的自己，單純想讓對方開心而已。

看達利展。

最萌身高差。

第一次一起出國到帛琉玩。

自以為像是在拍偶像劇照。

一起浮潛超開心。

晚上一起去公園散步、聊天。

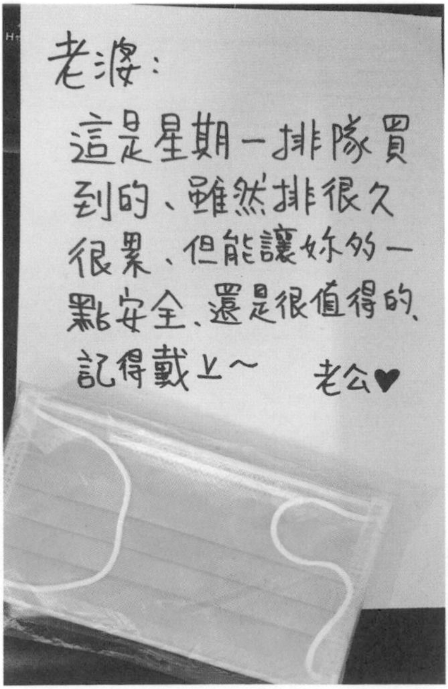
老婆：
這是星期一排隊買
到的、雖然排很久
很累、但能讓妳多一
點安全、還是很值得的、
記得戴上～
老公♥

防疫期送口罩最用心。

帛琉的沙灘真的太美了。

七年不癢的紀念衣。

眼裡只有太太。

剛新婚不久，回家都看得到馬修很認真地畫畫，很感動。

維持愛情熱度

樂意付出，願意傾聽

嘴巴甜一點、關心對方今天過得如何，每個小地方的用心，
讓長跑的戀情也能保有新鮮感。

先生這樣說

熱情可以讓我們對某件事或某個人保持興趣。每當對一個人有好感的時候，一定會產生極大的熱情，想去接觸、了解，並開始喜歡他。但這份熱情，有些人可以持續很久，有些人卻做不到的，直到這份熱情消失，也漸漸對這個人失去耐心也沒了興趣，甚至最後拋棄了這份愛情。

從開始經營社群專頁以來，常常會有很多人問我，和太太的感情怎麼一直都那麼好。我想非常重要、也必須做的事情就是保持熱情。我每天下班回到家後第一件事情，不是馬上耍廢躺在沙發上滑手機，也不是跑去打開 PS4 打電動，我會

先和太太講講話，或問她今天過得如何。有時候順便「撩」她一下，誇她今天很漂亮，雖然這些看似是平凡簡單的行為，但這就是感情保持甜蜜的方法。

讓戀情持續新鮮

我和太太已經在一起兩千多個日子，感情像是剛認識的那天，依然保持著新鮮感，對彼此也還是充滿著興趣與熱情。我到現在仍舊覺得太太是最美的，雖然每次說出口，她還是會說我很矯情、很噁心，但我知道她心裡是開心的，而這也是我們幾乎每天都會有的互動。

也許一直能維持這樣的愛情，是因為我們相識時思想都已經非常成熟了；也可能是我們的個性非常互補，所以也更加珍惜這個緣分；但認真地想一想，更像是兩人在愛情中都很樂意付出，也很願意傾聽、互相理解對方的想法。其實這樣的相處並不困難，往往需要的只是願意為彼此，付出更多的用心和時間。

生活上的相處會遇到許多不同的問題，最容易解決的方法就是選擇逃避或是放棄。與其花時間再尋找一份新的感情，倒不如找回彼此相愛的初心和熱情。也許新的戀情總是讓人感到新鮮，但只要沒有用心經營，再新鮮、再喜歡的戀愛，到最後都會變得沒有動力，所以維持感情最好的方式，就是花更多時間和心力，好好經營。

太太這樣想

我和馬修在個性上有很大的差異：我的個性活潑外向，他則是悶騷型的男生，比較讓我驚訝的是，以前我對射手座的認識和了解，個性應該是非常活潑的，結果我家這位先生完完全全不像射手座的樣子，反倒像摩羯座，因為平時的他都比較沉穩內向，只有在和熟識的人相處時，才會展現出他的活潑。不過在和他相處時，也沒有因此而感到無聊，因為活潑的我，三不五時就會故意去逗他、鬧他，而且就算再怎麼整他，他也不會生氣。

我曾經問過他：「我常常這樣整你、捏你，你都不會生氣嗎？」他說：「有什麼好生氣的，這不就是生活的情趣，這也是一種很棒的相處方式啊！」聽到他這麼說真的很開心，也很慶幸他願意接受這樣的互動模式。

就像他所說的，這是一種生活的情趣，而我跟他有一樣的想法，像是各種欺侮他、捏他、咬他的行為，都是因為我喜歡他，所以會想跟他有這樣的互動。只要維持目前的相處，我覺得就會有很好的愛情熱度，但我相信並不是每一個人都能接受這種互動，所以我才會說我很慶幸的，遇見我現在的老公。

話題是自己創造的

我想很多人每天結束辛苦的工作後回到家，就是想馬上休息，或是躺著滑手機，有時一滑就到半夜了，和彼此交談也許可能沒幾句話，現下大多數人的家裡，我想這種情形都還是發生著。當然這並不是一種錯誤的方式，只是我覺得很可惜，因為人與人的互動真的非常重要，尤其是面對面時的接觸，而不是透過電腦，或是即時聊天的溝通，當面交談可以看到表情、感受到感情，讓彼此能建立更好的關係。科技帶來很多的便利，但好像在另一個層面上，也拉開人與人之間的距離。

我和他回到家碰面後，常常一聊就聊到三更半夜，有時候還被兒子嫌我們太吵，因為我和他真的有太多話可以聊，太多事想和彼此分享。我們雖然個性不同，但都一直很用心地維持感情，所以永遠不要嫌沒話題可以講，因為話題是自己創造的，願意花時間聊天才是最重要的。

一開始的愛情或是一見鍾情都十分浪漫，但愛情若不維持、不愛護它，最後它可能就會逐漸崩塌。

愛的絮語

要讓感情沒有賞味期限，最需要的是對彼此依舊保持好奇心、對彼此的事感興趣。透過創造話題、肢體互動……，從中找回最初的熱度。

行情

專情的戀愛更幸福

不追求行情與異性緣，因為兩人知道彼此最在乎的，就是對方在自己心中的價值。

先生這樣說

從小到大，我的異性緣並不是特別好，青春期時總會羨慕很有異性緣的好朋友，但隨著年齡增長，談戀愛、結婚後，反而覺得異性緣不需要太好，因為交友方面單純一點，會讓自己的另一伴更安心。

和太太的感情一直到現在，每天都仍持續地加溫，我想除了彼此很相愛以外，就是我一直讓太太很安心，因為從開始交往到結婚，我自始至終都是同個樣子。其實一直以來我的異性朋友本來就不多，不知道是不是國中唸男校的影響，也可能是我本身的觀念，我一直覺得，除非已經是伴侶，不然男人和女人的相處，真的還是需要保持一定的距離，所以和太太交往到結婚後，只要和異性聊天，除了保持適當的交友距離，我也蠻常把太太掛嘴邊。

有另一伴就不需要桃花

我不是炫妻魔人，也不是故意要曬恩愛，只是因為這樣可以讓別人了解我愛我的家庭，我愛我的太太；因為這樣做能減低一些曖昧的可能性，也能讓太太更放心。雖然這種的做法讓自己完全沒了行情，不過有另一伴後，本來就不需要再有桃花了。

在愛情觀念裡，最不需要的就是貪心，單身的時候想和誰交往、想喜歡誰都是自由的，但有了伴侶後，就該好好地經營自己的感情、好好愛護伴侶，好好地把心思放在彼此身上，而不是騎驢找馬，因為當你做了選擇後，你也該愛你的選擇。

當然不是要一直把太太、女朋友掛在嘴上，只是，當認識異性同事或朋友時，我都認為適時地提到另一伴真的非常必要，除了告知全世界我已經不是單身了，也能和異性保持適當的距離，對自己和另一伴來說，都是一種負責任的態度。

其實從和太太認識以來，她幾乎很少會對我查勤，可能是我畫給她的每日一圖，也可能是她感受到我對她的愛，因為除了表現出我對她的用心，也都讓她知道，只要有異性在，我會讓自己很沒行情的。

只要有異性在，我會讓自己很沒行情的。

太太這樣想

我想每個人都希望在感情上的行情是好的，自己能被別人喜愛，也希望有很多人打聽你的消息、想認識你。尤其像我們女孩子，總是幻想有天會有一個愛著自己的人出現，愛著自己、保護著自己……不過這樣的想法，也都只存在於單身時的我而已。

年輕時喜歡打扮，也喜歡認識朋友，因為想要提昇自己在愛情方面的行情，也想要追求自己理想中的愛情，但在感情上，其實一直以來並沒有非常順利，也讓我覺得是不是自己在別人眼裡，不那麼有價值、不被珍惜，直到因緣際會認識了我先生，才又讓我感受到溫暖、愛，以及一直以來對我的事情。他讓我知道戀愛其實是很開心的，相愛是快樂的，所以在他求婚後，我們也很快就結婚了。

遇到對的人才值得

從和馬修認識、交往到現在，我們一直都對彼此非常有信任感，出門會主動報備但卻從不查勤，因為我們都知道最在乎的，就是彼此在自己心中的價值。像是馬修現在都自己剪頭髮，我反而希望他去理髮院，給專業理髮師剪個帥帥的髮型，但他常常回我：「反正都結婚也有孩子了，也不用特別顧外型，因為也不需要什麼行情讓人探聽了。」他就是那麼讓人放心，所以我們對彼此，才能一直有著很大的信任感。

當人妻、為人母後，行情也許不再那麼有價值，但其實一生中只要遇到對的人，能專心愛著自己，就絕對值得了。曖昧也許讓人迷戀卻不實在，所以我並不喜歡這種感覺。不論自己在別人眼中的行情好不好，我很清楚知道，我一定是先生心中行情第一的，而他也是我認定最好的愛人。

也許行情很好會讓人開心，但再好的行情，還是比不過遇到一個對自己專心、專情的人，更能讓人幸福快樂。

愛的絮語

遇到對自己專情的人，其實比桃花運、異性緣還重要。因此，別再執著於自己的行情，給予伴侶信任感，才能保有安心又快樂的感情。

情趣

創造家庭間的甜蜜互動

夫妻相處最需要來一點生活情趣，像是太太突如其來的肢體互動、先生的談天說地，都是建立起不一樣的相處模式。

先生這樣說

常常和交往很久的情侶或夫妻聊天，其實真的很少聽到，不，應該從來沒聽過有人分享自己的感情是愈長久愈親密、愈來愈好的，大部分的人都會覺得，相處久了感情也慢慢變淡了。有些人可能少了一點新鮮感，也有些人少了剛認識時的激情，更可能是把相處變成一種習慣。在共同的生活中，漸漸地不再想、也不用心思好好經營，連多花一些的時間在兩個人的愛情上，也都不願意了。

我常常一下班回到家就會看著太太，並對著她手比愛心，她每次看到時總是笑得很開心，一樣再比著愛心回應；太太有時候請我幫忙看臉上有沒有皺紋時，我只會說：「妳好美。」她沒有回我任何話，有時候也會罵我很無聊，但她總是因此笑得很開心；她也喜歡捏我、咬我，其實太太的力氣還真不小，所以我常常會被捏到瘀青。太太曾經問過我為什麼被捏、被欺負，卻都不會生氣？我說，這是一個很好的互動與生活情趣，根本沒有理由好生氣，少了這樣的相處，感情也許不會這麼好，所以夫妻相處以來，每天還能有這樣的互動真的很棒。

情趣可以拉近彼此距離

生活有太多壓力，也有太多事物會讓我們煩惱，可能因為這些令人煩躁的事情，而讓彼此感情慢慢變淡，也漸行漸遠，所以每天的相處、夫妻之間的情趣、感情的經營，更顯得需要去重視，而且雙方也都要願意付出，才能讓愛延續。我和太太的生活其實每天都過得差不多，下班後一起吃飯看電視，陪陪小孩、聊聊天，雖然平淡普通，但是我們願意每天下班回家後一同創造家庭情趣；雖然生活辛苦，但相處愉快；雖然日子過得平淡，但每天回憶起那些相處過的日子，總是會讓人開心。

情趣，就像是愛情中的樂趣，在平淡生活裡能讓彼此更貼近，它也許不是非常必要，卻是能拉近彼此距離的調劑品，愛情生活多一點經營，有情趣，就不情去。

不管用什麼方式，最重要的就是願意花時間經營。

太太這樣想

有些人會藉由旅遊來經營感情，可能久久花幾天的時間，一起出國培養感情；有些人則以一同品嘗美食來經營，不論是路邊攤或是精緻料理，只要發現好吃的都會一起享用。我想一定也有很多人，會透過每天聊天，了解彼此喜歡的話題和興趣，或因此延伸更多聊天的話題，其實不管用什麼樣的方式，最重要的就是，願意花時間經營。

馬修真的是一個很悶騷的人，剛認識的時候，覺得他是一個很正經的男生，也因為他一板一眼的個性，讓我愈想鬧他。每次逗弄他，他都會很害羞、不知所措，看著他的表情總是覺得很有趣，也因為這些互動，兩人在相處上也一直很開心。

不過後來他也漸漸地會逗我、鬧我，甚至好幾次還會整我，我問他為什麼有這樣的轉變，他說其實他的個性本來就是這樣，只是有時候比較悶，也因為我的個性和互動方式，開啟了他悶騷的個性，也因此，我們之間變得更有情趣，也讓家庭生活更快樂。

互相給予回饋才走得遠

夫妻或情侶之間的相處模式其實是可以自己建立的，就像我和馬修一樣。我想如果我是一個很悶的人，我們的相處模式應該會很安靜，但因為我活潑的個性，讓他變得更外放一些，生活也會更精采，但這些的前提往往還是彼此都要有所回饋，比如馬修對於我的行為，總是會給予熱情的回應，否則總是單方面在創造情趣，感情也很難維持下去。

喜歡一個人，就應該好好認真地和對方在一起。生活中處處充滿無數的相處與互動，就像馬修看到網路笑話，總是喜歡和我分享、逗我笑；我喜歡搔他癢、捏捏他的肚子。試著共同創造情趣，或一起製造美好的回憶，讓情趣像調劑品，為平淡的夫妻生活添加更多的色彩。

當某天想起這些回憶時，更能讓人回味無窮。

愛的絮語

生活趨於平淡時，兩人應該要創造不一樣的互動，像是一起享用美食、分享一則網路笑話，平凡的日常中，也增添了不凡的回憶。

在義大利威尼斯。

義大利羅馬真理之口。

結婚後和馬修家人的
第一次日本之旅。

與義大利比薩斜塔合照。

在日本變裝合影。

帶兒子看籃球比賽初體驗。

一家人一起野餐。

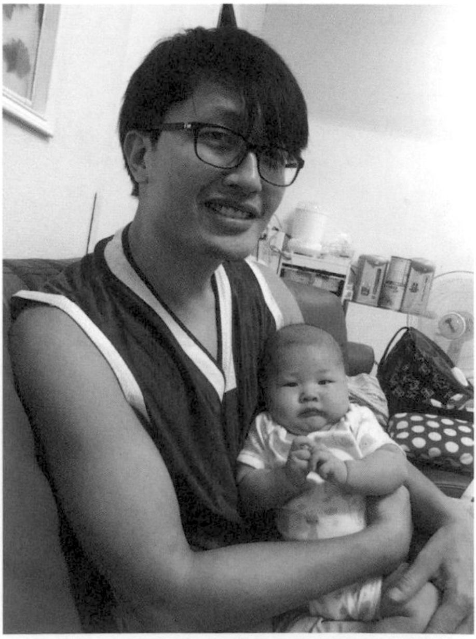

專業奶爸。

我們一家在日本的自拍。

慶祝爸爸生日，結果兒子
把爸爸的小蛋糕吃光光。

和馬修家人的
第二次家族旅行。

互補

學習彼此的不同

個性不一樣、興趣也不一樣，婚後的兩個人從慢慢適應彼此的習慣，到願意做改變、學習對方的優點。

先生這樣說

每一個人都有自己的個性，也因為生長在不同的家庭，養成的生活習慣、興趣、喜好也不盡相同，所以兩個人一起生活後，一定會有很多不一樣的意見和觀念。雖然如此，但其實只要慢慢接受對方，用心地融入彼此的生活，就會讓相處變得更融洽。

從小母親就很用心地教育我，希望我能有良好的生活習慣，但在結婚以前，我不是一個很愛乾淨的人，嚴格說來還有點邋遢。不過幸運地遇到有點小小潔癖的太太，在打掃或打理自己方面都很規律，做事情不喜歡拖拖拉拉、有自己的節奏。自從和她交往後，從她身上學習了很多，也因此讓我從「邋遢男」變成「比較不邋遢男」。

補足彼此的缺點

我的個性很容易拖拖拉拉，太太卻正巧補足我這個缺點，像是很容易帳單沒繳又要多繳利息；常常事情都要拖到最後一天才做，把自己的心情搞得非常緊張、時間非常趕；有時候更直接把重要的事情給忘了，但是自從和太太在一起後，看不下去的她常常提醒什麼事要做、什麼帳單要繳。

太太總是說我細心得像個女人，但我的細心其實僅在於對她和小孩上，雖然常常被她說我過於操心，不過她也常常感謝我替她分擔許多事，有時候優柔寡斷的她，也常靠我這個懶得思考的射手座，幫她決定了很多事；爭吵時，急性子的我，常常會想要趕快說個明白，而習慣冷處理的她，都會先冷靜到隔天再談，所以我們常常也吵不起來。

許多人跟我說，我們的個性很互補，很幸運遇到這麼棒的對象。但我更想說，這不是幸運，而是彼此願意包容、體諒，因為當你不愛乾淨，跟你生活的人就得容忍髒亂；當你是個脾氣差的人，你的對象就得包容各種壞脾氣，每個人都不是完美，所以遇到的每一個人，都會有不同的缺點，當你遇到一個願意跟你互補的人，除了開心，更應該好好珍惜他、感謝他。

太太這樣想

在人生中能找到有一樣的興趣和相同的價值觀，或是生活習慣跟自己很相似的伴侶，真的是非常幸福。兩人在生活上有一些的互補、或一點點不同的地方，好像反而會是件好事；但如果相同點都是比較不好的壞習慣，在相處上就會是個很大的問題了。例如兩人都一樣不愛乾淨，又或者是雙方主觀意識都很強，不想輸給對方。

我和馬修在相處上是很和諧的，因為我們擁有許多共同處，例如走路都很快，逛街的速度很一致，永遠都會走到同一個節奏點上；還有都喜歡聊天，很樂於分享每天的生活，只要隨便開一個話題，常常就能聊好幾個小時，所以我們也常講到三更半夜才睡；我覺得很特別、也很重要的一部分，就是我們在生活上都算是很節省的人，也沒有太多的娛樂興趣，如果要說有的話應該也是喜歡出門踏青，或者是存錢出國吧。

生活方式不同也能互相學習

我們有很多相似處，但確實也有不少相反的地方，尤其是在環境衛生上，真的有極大的差異。雖然在我們共同生活前，我一直不覺得是一個問題，一起生活後才發現這真的是需要互相適應的大問題。

婚後的第二天，我下班回家就看到門口有馬修的襪子，在沙發上也會發現他的衣服。其實在生活中，我常常笑他就像是個生活笨蛋，可能以前他媽媽幫忙做太多事，所以很多日常生活中的小事，他都沒特別注意也沒學會，但很慶幸的是，我們溝通後，他都很願意調整也很樂意學習。

有時候我們都希望找到一個跟自己非常像的人，因為個性相同、生活的方式一樣，所以對方可能會更了解自己，但人生常常不見得會如自己所預期，遇見的對象可能和自己完完全全不同，但這不見得是件壞事，我覺得生活觀念不同可以互相學習，也能從中學會體諒。不管對象是怎樣的人，彼此能願意兩人同心，才是最重要的。

愛的絮語

婚姻生活裡，願意包容、體諒彼此，甚至從對方身上找到可以學習的地方，就算一開始兩人多麼的不同，也能互相成為最佳的搭檔。

溝通

進一步理解身邊人的想法

夫妻之間，好好傾聽對方的心聲很重要，而面對許多觀念不同時，更需要進行一場理性的溝通。

先生這樣說

相處時，伴侶間的對談非常重要，若彼此常聊天、有默契、也了解對方，溝通方面便會順暢許多；如果在溝通管道阻塞、出問題了，原先看似簡單的事情也會變得更嚴重、更難解決。

許多事情本來是想和對方好好溝通，但後來常常變成吵架，這往往都是因為帶著情緒在對談，不小心便愈講愈大聲，好像誰的聲音比較大誰就勝利，也很容易在對談過程中說出很多傷害彼此的話；相反地，溝通是一種正向的交談，希望彼此能一起努力、一起變得更好，但溝通需要技巧，也要將心比心，適時地給彼此臺階下，願意為彼此調整，才不會讓溝通變成爭吵。

用適合彼此的方式對話

和太太相處這麼久，花最多的時間都是在傾聽、談話，也因此讓我們更了解彼此、更明白對方在生活中是否有什麼不滿，或有開心的事想一起分享，這些都是需要長時間共同經營而來的。

我們的個性很多方面都不同，她比我還活潑開朗、脾氣也很好，可以從她身上學會很多溝通的技巧：她會在溝通中帶些嬉鬧口氣，而我則是很容易過於嚴肅，相較之下我覺得自己有時候對待事情太認真，也會是造成吵架的原因，所以我慢慢地開始調整自己的說話方式，讓我們在溝通上能多一點開心，至少不會再因此吵架。

每一個人、每一對情侶相處或溝通的方式都不同，有人喜歡安靜坐下來，認真地談；有人愛嬉嬉鬧鬧，不希望把氣氛搞僵；當然也有人習慣以寫字條的方式，重要的是相愛的兩個人，必須找到彼此喜歡也比較能習慣的溝通方式，不要為了爭個勝負，讓口氣和態度傷害了彼此，而且我們更應該站在對方的立場討論，因為溝通本來就是要讓兩個人的心更貼近，進一步了解後才會更愛對方。

只要願意溝通，相信這份愛就能更接近完美。

太太這樣想

人不可能完美，而兩個不完美的人生活在一起，會遇到很多相處、個性需要磨合等問題，這些都是需要兩個人同心、溝通才能共同解決的。因為人的思考很複雜、多變，所以兩人就算相處得再久、再了解，很多事情沒有說出來，身邊的人是不可能完全理解的。

回想當初覺得這個男生不適合我，到現在交往、結婚居然已快九年，這些日子到底是怎麼一起走過來的？當時馬修因為上一任的關係變得沒有安全感，而我因為前任男友的關係，變得不想再依賴對方，所以剛在一起的時候，真的歷經百般折磨。因為他沒有安全感，所以我們講電話溝通好久；我因為不想再把重心放在對方身上，導致他覺得我不用心經營感情。

總而言之，愛一個人千萬別想改變對方，不要覺得你的付出，對方一定很感動、一定要接受你給的愛，若不是他想要的愛，不管付出的是誰，都會覺得是種壓力。想要長久就多點溝通，讓對方知道你的喜好和厭惡的地方，並且再多點包容與責任，才是真正重要的。

各退一步才能好好溝通

很多人常會問我們感情為什麼能夠這麼好，但其實我們並不是一開始就完全契合的，也得經過一番的磨合和溝通，才能有現在這麼深厚的感情。我和馬修真的花很多時間在聊天，不論是興趣、運動、遊戲或是連續劇、政治……什麼事都能聊，總之我們都會常常拋出不同的話題，再一起討論。我一直覺得這樣的相處模式很棒，因為一方面在聊天，另一方面也透過不同話題，更了解彼此的價值觀、還有對事情的看法，這也使得我們更懂得對方的心。

感情就像傳聲筒，有時候是我講你聽，而你在談論的時候，我也認真傾聽，彼此互相學習了解，甚至有時候也會適時地調整。調整並不是退讓，只是讓節奏和生活方式更接近彼此一些，往往看到很多人溝通到最後，硬是把情緒、自我想法灌入對方的腦裡時，就容易產生爭吵。

溝通並不是要論輸贏，只有各退一步互相理解，才有雙贏的結局。我們偶爾也會在溝通時不小心摻雜一些脾氣，但很快就會把話講開，不讓這個氣氛延續到隔夜，因為我們都很清楚，每一次的溝通都只是想讓彼此更好。我們雖然不是完人，但一直都為了想一起走得更長遠而加倍努力、用心對待我們的愛。只要願意溝通，我相信這份愛就能更接近完美。

愛的絮語

溝通需要技巧、將心比心，談得過於激烈時，雙方記得各退一步，讓溝通成為更了解彼此的橋樑，一起努力走得更長久。

耐心

學會包容與體諒

生活會消磨許多美好，但夫妻兩人總是以和氣的口吻請對方幫忙、不時地給予鼓勵，包容力就這麼日積月累地練就出來。

先生這樣說

真正喜歡一個人，從生活相處時說話的態度、行為，都可以看得出來，也能感受得到。愛一個人時，對他的耐心和包容，都一定是無限大的，但是漸漸不再喜歡一個人時，耐性也會慢慢消失，原本可以忍受的事情，變得再也無法忍耐。

兩個人一起生活的日子裡，除了愛以外，包容和耐心也是很重要的，因為我們不是童話故事裡的王子公主，每天除了開心的事，還有更多困難要一起面對，夫妻需要互相幫忙、體諒，才能算是一起生活。

太太晚上常嘴饞想吃宵夜，這時候就馬上顯

現出我的用處。當她說：「我肚子餓了。」我就會立即回：「妳想吃什麼？我去買啊！」

記得有一次買回來的時候，她突然對著我說：「你真的對我好有耐心。」我說：「正確來說的話，是因為真的很愛妳，所以妳喜歡做的事，妳想做的事，還是需要我幫忙做的事，我都會很樂意也很願意的去做。」

學著對愛人有耐心

太太對很多不管是軟體或是硬體的3C產品，可以說是一竅不通，常常要說明三、四次以上她才會比較懂。而我又剛好比她多懂一些，所以都會幫忙解決很多相關的問題。其實我不算是個有耐性的人，教別人某些事情只要重複兩、三次時，就會漸漸不耐煩，但自從和太太相處、結婚生活後，我也常提醒自己，如果對自己愛的人沒耐心，那也就稱不上真的愛她了。

我覺得在和人相處時，有時候應該要回頭想想，剛認識的時候為什麼可以百般接受對方的任何缺點，或是不同的想法？這些都是因為你愛著對方，所以可以接受他的一切。那麼，會不會是因為愛變少了，所以耐心也漸漸消失了？也許你身邊的他，從來都沒有改變，有時候變的其實是自己的態度。愛和耐心當然不應該拿來相提並論，但我認為，如果真正愛一個人，也應該會有極大的耐心和包容才對。

太太這樣想

夫妻的生活要和諧、感情要融洽，需要的是兩個人的用心與耐心。因為我們都很愛對方，不論互相幫忙、傾聽協助，我們對彼此都有足夠的耐心，畢竟一起生活一定會遇到很多相處上的困難，需要共同克服。

剛相戀時，真的花了很多時間溝通彼此的愛情觀，幸好兩人都很有耐心也願意溝通，才能造就現在深厚的愛情，所以到現在都保持著當時對待彼此的耐心。如果兩個人每天在對話、或所有大小事上，都表現出不耐煩的態度，不僅讓彼此不悅，更可能引發吵架，感情當然也會愈來愈差。

我知道很多人在熱戀時，願意付出所有的一切，不論對方遲到、耍任性，或是任何大大小小的要求，都有著極大的包容心。但這份愛過了熱戀期後可能就會慢慢地失去了耐心，所以馬修說，我們很幸運遇見了彼此，因為兩人在一起這麼久，還是很願意把時間花在對方身上，常常下班後把對方當垃圾桶抱怨了一、兩個小時，當彼此的好聽眾；又或是我陪他玩遊戲、他陪我一起追劇，這些都是因為愛著彼此，才展現出的耐心。

用心平氣和的態度說話

有次送小孩上學，回家吃早餐時就接到馬修的電話。他說：「老婆可以幫我看一下我的帳號密碼嗎？」我說：「好。」沒多久他又打來：「老婆可以幫我看一下麥克風上面的接孔嗎？」我當下有點不耐煩，為什麼剛剛不一次講完？但還是親切地回覆：「我現在在吃早餐，可以等我吃完再幫你看嗎？」他也溫柔地說：「好～那你慢慢吃，吃完再幫我看，謝謝。」

一句話、一個好態度，真的很重要。這是我們到現在都沒有改變的說話方式，雖然是很日常的對話，但是心平氣和的態度，就是我們保持不吵架的訣竅。如果一方不耐煩地反問：「你不能先幫我看嗎？」而另一方也不耐煩地覺得，難道你不能先等我吃完早餐嗎？當下彼此可能就會互相生悶氣了。我們不會因為對方是老公、老婆，就應該理所當然地幫忙任何事，有時候一次、兩次態度不好其實沒關係，但是如果每一次口氣都很差地要求另一伴的幫忙，對方也會不耐煩地出現「我又沒欠你什麼」的想法，久而久之，日積月累的情緒就會一發不可收拾，最後只能看著吵架發生。

生活其實很容易消磨我們的耐性，也會磨去對彼此的耐心，因為要做的事情太多，時間卻總是不夠，有些人一下班忙著玩遊戲，有人一回家就馬上打開手機追劇……不妨試著把花在這些事情的時間和耐心，轉移到經營彼此的關係，感情一定會維持得很好。耐心跟愛是共存的關係，心中有愛時就會願意付出，而這樣的付出，我想對方也都會感受得到。

愛的絮語

兩人生活久了，時常會忘了對方其實沒有義務要幫忙做所有事，有時一句謝謝、口氣好一點，不自覺地就能培養出彼此的好耐心。

完美伴侶

當個用心、體貼的情人

雖然夫妻看法不同、做事的方式不一樣，但兩人總是很願意溝通、理解彼此，才能達到現在契合的關係。

先生這樣說

兩個人之間一定會有很多小默契，或是某些想法十分契合，但畢竟來自不同的家庭，湊在一起生活後，當然也會發現許多思想和行為上完全不同，導致意見不合甚至產生爭執：也許對方很有潔癖，但自己卻邋遢、懶惰；我喜歡運動，但你卻討厭流汗。

和太太在交往的初期，就發現彼此許多價值觀不一樣，也有很多不同的看法，做事情的方法當然也會不一樣，在這過程中，當然不免發生一些大大小小的爭吵，但經過多次溝通、磨合後，我們也開始學著交換彼此的意見，願意花很多的時間用心去理解對方，才能達到現在如此契合的關係。

溝通時少一點堅持

認真想一想，很多事情在做法上本來就沒有所謂的對錯，只是每個人的方式不同而已，就像書桌該擺在房間的左邊或右邊，衣服應該每天洗，或是兩天洗一次，又或者是理財觀念和教育方面，本來就一定會不同，所以兩個人時常可能會發生口角。

有時候我們寧可多一些溝通，少一點堅持，或許就不會有爭吵，我認為這並不是認輸，只是想在相處之中，找到更好的協調方式而已。所以，永遠不要把溝通當成是一種競賽，也不應該在乎誰輸誰贏，而是要讓我們更了解彼此。

我雖然不喜歡逛街，但是和太太交往後，我會試著陪她逛，了解流行趨勢也當作散步運動；太太雖然不喜歡玩電動，但她也會偶爾陪我玩，或只是在旁邊看著我玩，這也是很棒的互動，生活要走到同一條平行線上，本來就需要努力，更重要的是溝通。

我從來不認為，在這世界上可以找到零缺點的伴侶，因為人本來就不是完美的，但只要願意溝通，你就是完美的伴侶。

太太這樣想

人沒有完美的，我也從來不曾覺得自己是個完美的人，我有很多缺點、很多不懂的事情需要去學習，也有很多觀念需要調整。我有一點潔癖，所以喜歡打掃家裡，看到家裡能整整齊齊，會讓我感到舒服，但這樣的潔癖一定就是好的嗎？其實不然。每件事情都有一體兩面，人的心情或喜好也不會只有一種，就像我習慣了整齊也喜歡乾淨，但並不代表所有人就應該配合我。

就像馬修和我結婚前一直都很邋遢，房間很少打掃，以前在他老家時，也會在房間裡吃東西，所以交往初期我一直催促他整理房間，讓他覺得很不習慣。雖然我們不曾因為這樣吵架，但我也知道這樣的態度，會給他一些壓力。然而這只是每個人觀念不同、生活方式不一樣而已，並不能代表誰是一定對或錯的。

結婚之後很意外地，他漸漸改變很多，學習做許多家事，也慢慢愛乾淨、愛打掃，我曾問他是什麼改變了他，他說是受了我的影響，但其實我認為，是他願意為了我和這個家改變。

人本來就應該活到老學到老，生活不應該是別人配合著自己，有時候也應該為了別人活，尤其是為了和自己生活的另一伴。很多生活態度或是做事的方式，是可以互相學習的，就像先生跟著學習整理家務，使他開始懂得打掃，讓自己更愛乾淨；他其實也有很多優點值得我學習，像是他的好脾氣、好耐性、細心……。

雖然每個人都是不完美的，但一定有值得讓人學習的地方。如何讓兩個不完美的人在交往過程中，變得更完美呢？唯有用心溝通、互相學習，才能成為對方的完美伴侶。

愛的絮語

兩人相處產生不同想法時，試著主動溝通、少一點堅持，學著欣賞對方的優點、包容缺點，彼此就是最完美的情人。

CHAPTER 02

成為幸福的一家人

要用心養育孩子，家事也要分工合作，
就算時間變得不夠用，只要夫妻同心，
一切的難事，都會變成最幸福的事。

生育這件事

做了一個勇敢的決定

丈夫喜歡孩子，妻子害怕生產，但兩人總是為對方著想、願意改變，婚姻的藍圖才能變得更清晰、更美麗。

先生這樣說

我的母親很開明也很開朗，是個很能夠開玩笑的人，和我的感情非常好，她的想法也總是很跟得上時代，所以什麼話都可以和她聊。我還有兩個姊姊、一個哥哥，所以傳宗接代的任務很自然地落在我和哥哥的身上，不過，母親其實從來不會要求我們，也不會帶來壓力，她只希望我們能夠快樂就好，而我也從沒有想過要有孩子，可能是因為當時的我還不喜歡小孩吧！

其實我從來不了解該如何和孩子相處，但這個觀念在哥哥生下第一個孩子後，就徹徹底底地被改變了。我和侄子一起生活，開始懂得如何和小孩對談、怎麼陪他玩，更懂得為什麼很多人總是說，孩子很有療癒力，雖然小孩也偶爾會讓人生氣，但還是讓我漸漸愛上了孩子。

後來也是因為這個關係，在和家人出國的那次，認識同團的小女孩，也因為這個緣分，才認識了現在的太太，我想如果當初我不喜歡孩子的話，現在應該也無法認識她，也不可能和她結婚了。

太太喜歡小孩卻害怕生產

對於應付、陪伴孩子，太太真的比我高明太多了，她總是能逗小孩開心，孩子也都很喜歡她，也因為觀察到這樣的情景，自然而然地，我認定她一定是喜歡小孩，於是在交往的期間，我們也常聊到婚姻的話題，更自然地談到生育的事。

關於婚姻我們都很有共同的目標，也認同婚姻是需要經營的；而生育的部分，我也很直接告訴她，我是很喜歡孩子的，也希望將來能擁有自己的小孩，但討論後才知道她雖然喜歡小孩，但在精神上或身體上，對於要進到醫院，感到十分害怕。

她的回答讓我有點驚訝，因為一直以為她是想生小孩的，雖然這和我對於婚後的想像大相徑庭，但我真的很愛她，我也清楚愛一個人就應該愛護她、體諒她，也應該尊重她，畢竟辛苦懷孕十個月，需要冒著生命危險生產的是她，並不是身為男人的我。

我認為自己沒有什麼立場要求她，也不應該去勉強她，但她一直都知道，我真的很喜歡小孩，所以也對我很抱歉。我跟她說：「雖然我很喜歡小孩，也希望和妳擁有共同的孩子，但有沒有小孩，不一定好也不一定不好，我們兩個人在一起，最重要的是快樂就好，我希望的只是妳能開心，我也就開心了。」

太太這樣想

我很喜歡小孩，也很樂於陪哥哥的小孩玩，因為我覺得孩子很天真、很單純，他們的笑容總是能療癒我，但如果問我想不想生小孩，其實我是不想生的。我聽過很多人說，玩別人的小孩當然好玩，因為只要陪玩沒有養育的責任，但我並不是這個原因，而是單純地害怕去醫院，也很害怕生產的過程。

我是一個很膽小、打針都會害怕的人，所以我們交往時，他告訴我說很喜歡小孩，也很希望將來有自己的孩子時，我有點害怕。我其實不想傷他的心，也不想潑冷水，但因為常聽他說起這件事，也只好告訴他，我不想生育的理由，他聽到的當下有些難過，但沒有勉強我，他一直說：「只要我們在一起，開心最重要。」我聽到他這樣說真的很感動，因為我知道，他是真的很愛我。

希望毛家人投胎轉世

娘家有一隻灰白色的雪納瑞是同學送的，我把牠取名為雪碧。剛送來我們家時才幾個月大，從小陪著我生活了十年。我很愛牠，因為牠就像是我的家人一樣，馬修每次來也很愛抱牠、親牠，我一直以為牠會陪我們很久很久，卻在我結婚的三年後過世了。

在牠離開後的那一陣子，我們一起抱著哭了好幾天，每次看到牠曾經生活過的地方，都會忍不住落下淚來。還記得在牠離開一個月後的某一天，我滑著手機看到有人分享一篇文章：因為家裡的寵物離開了，所以希望能懷孕，讓牠投胎成為自己的小孩。我看得淚水不停滑落，心中默默地許下了同樣的願望，我知道我還是害怕生產，但更希望雪碧能回來，是牠，讓我更勇敢。

隔天晚上我告訴馬修有了懷孕的念頭，他很驚訝也很開心，問我為什麼突然改變想法，我說主要是雪碧的關係，但另一方面也因為知道他很喜歡小孩，希望能讓他開心。他一直心疼我說，真的不用為他改變，開心自在最重要，但我堅定地告訴他：「我真的做好準備了，不用替我擔心。」他低著頭思考了一下，接著握住我的手說：「老婆，未來的十個月妳會很辛苦，但妳不用擔心也不用害怕，因為我會一直陪著妳。」我們開心地擁抱著彼此。

就在雪碧離開的四個月後，我懷孕了。

愛的絮語

太太從不敢進醫院到決定懷孕，過程中的轉變都是因為愛著另一伴，因此先生的態度也很重要，不給對方壓力，才能迎接美好的生活。

陪伴

和家人一起共度餘生

愛家人，就該好好陪伴彼此，像是一起享用晚餐、聊天聊到三更半夜……只要陪在彼此身邊，做什麼都是幸福的。

先生這樣說

把時間用在陪伴彼此身上，對我和太太來說，是非常重視的，尤其是在結婚之後。婚後兩人搬到外面獨立生活，除了沒有家人的陪伴之外，也沒有長輩的任何後援，所以所有家事，和有關孩子的大大小小事情，都是我們一起做的。還沒有孩子時，家庭生活中只有兩個人，所以好好地陪伴對方，對於當時只有彼此的我們，顯得極為重要。

我覺得夫妻、情侶的感情，除了互相陪伴之外，生活中的許多小細節與互動，也可以增進彼此的情感。有時候就算只是到便利商店買東西、到菜市場買水果，不管多近多遠都會在一起，因為我們就是喜歡膩在對方身邊陪伴彼此。

珍惜每天相聚的時光

該如何和伴侶維繫感情並共度一生？我想這是每對夫妻和情侶，必須共同維持和學習的課題，也因此我和太太相處以來，一直都在互相學習。其實經營之道真的不難，只要用心花時間互相陪伴、共同分擔家事、一起看場電影、放下手機一起吃晚餐，都是很棒的方式。當我在洗碗、洗奶瓶，太太就會去幫兒子洗澡；我在陪小孩玩遊戲時，太太就會去拖地、洗衣服，這些事情永遠不是誰幫誰做，是必須共同分擔的責任。

想當好丈夫的我下班急忙回家，就是希望能多分擔家事，也多陪陪太太和孩子。有時候看到一些笑話，也很期待下班後回家講給太太聽，只要她開心我也會很開心。

人生並不長，每天能在一起，本來就應該更珍惜。幫他洗澡、餵他吃飯，陪他玩他想玩的任何事，身為父親的我，不想缺席孩子成長的任何一刻。每天看著他一點一點地長大，當父母的我們，也一天一天地變老，更讓我珍惜和他相處的每一天。當你為孩子付出時，他們都會看在眼裡，感受得到我們的愛。伴侶的感情需要經營，親子的關係需要陪伴，家，更需要我們願意付出。

太太這樣想

我覺得愛情涵蓋許多不同的養分，不論是一見鍾情的愛，還是日久生情的愛，兩個人最終也會希望愛情能成為永久陪伴的愛，因為一生中找到一個能彼此相愛相惜的人，本來就不是件容易的事，而如此短暫的人生，更讓人捨不得失去，也不得不更珍惜每天能夠在一起的時間。

我和馬修雖然興趣大為不同，卻願意花時間在彼此喜歡的事情上，就像他現在就算已經四十幾歲了，電動還是玩得欲罷不能，雖然這從來都不是我的喜好，但有時候我還是會坐在旁邊看著他玩，甚至有幾次會陪他一起玩。雖然玩了很多次還是無法體會電玩的樂趣，但一起同樂的時間創造更多快樂的回憶，就已經非常值得了。

以行動表達愛

一個人逛街，對以前的我而言是最習慣的樂趣，因為想逛多久就逛多久、想去哪就去哪，十分自由自在。不過自從有先生的陪伴，似乎多了一些安心感，逛街也多了更多的樂趣，因為我們會聊天、一起吃東西，也會在彼此喜好的衣物上給很多建議。

先生總是會樂於陪我逛街，而我也喜歡他陪著我。喜歡一個人、想和他一起共度餘生，就該好好陪伴彼此，而非各過各的生活。伴侶本來就應該共同經營感情、一起創造新回憶，像是能夠一起享用晚餐、看電影，或是聊天聊到三更半夜，甚至雙方雖然都忙著事情，但只要陪在彼此身邊，就會讓人感到幸福且安心。

有了孩子之後，除了陪伴彼此，更需要陪伴孩子，因為父母就是孩子的全世界。看著孩子一邊長大才感受到，我們正慢慢老去。其實人生真的並不長，除了把愛說出口之外，更要多花時間陪伴他們。

愛的絮語

參與孩子每分每秒的成長、升溫伴侶間的感情，只要能和家人一起生活、創造新回憶，每天都會過得很幸福。

當了父母的我們

孩子是最甜蜜的責任

學習養育孩子後，才懂得當父母的偉大；縱使花了許多時間在孩子身上，也是一段值得珍藏的幸福時光。

先生這樣說

當兒子呱呱落地的那一天，我便是人父了，那一刻才知道自己的責任變大了，除了一起承擔家事外，要更重視孩子的教育。自從生了他後，我才知道當父親是什麼樣的感受、了解父母的偉大，而當爸爸後要學習的事真的很多。

太太生產完住院三天之後，我們就把孩子接回家了。雖然我媽媽幫太太做月子，但她年紀也大了，孩子再拜託她幫忙太辛苦，所以就由我們自己照顧。因為這樣親力親為更了解父母的辛苦，也從中學習了很多。我一開始很怕幫兒子洗澡，因為孩子剛出生身體小小、軟軟的，深怕一不小心就會弄傷他，但每天陪著太太一起洗，後來也漸漸不那麼害怕，而且若我不加快腳步學習，只會辛苦太太。

第一次當父親，每件事情都是從零開始，就算害怕也不能逃避，因為孩子就是父母們最重要的責任。

少了時間，卻多了幸福

兒子小時候每天就是吃飽睡、學習趴著，差不多等到一、兩歲的年紀就慢慢開始學走路，現在兒子也快四歲了，會說的詞彙愈來愈多，也懂得和我們對談。孩子每天跟在我們背後，最容易學習的對象當然就是我和太太，所以身教真的很重要，當父母的更是要以身作則，在言詞、行為方面要更加謹慎，只要一點不良的言行，他便會慢慢地學起來。我也漸漸體會到教育其實比生育更難，要花的心思也更多。

我其實很喜歡運動，以前還單身時，每天都會鍛鍊身體，還記得我媽曾經對我說：「趁現在趕快做，不然以後等你有小孩，你想做也沒時間了。」當時因為她講得太誇張像是在嚇我，所以根本不相信，不過等到兒子來到我們的生活之後，便了解到我媽說的一點都不誇張。

如果真的要抽出時間運動，可能還是會有的，但要陪孩子做的事真的太多太多：洗澡、吃飯、玩遊戲、玩球……而且陪他睡覺的時候，常常他還沒睡我卻先睡著了。雖然自從當父親後時間真的是愈來愈少，玩遊戲、運動鍛鍊身體的時間，也一點一滴地都被孩子偷走了，但其實當爸爸後的我，得到的滿足卻比以前來得更多。

太太這樣想

每天辛苦地上班工作，等到有一天年紀大了就會退休，但父母卻是一個永遠都不會停止的職業，總是要關心孩子、替他們操心所有事，不管他們以後多老，也永遠是我們天天掛念的孩子。

懷孕真的是件很奇妙的事情，有一個生命在自己的肚子住了十個月，當兒子出生後把他抱在手中時，不僅開心也有點驚喜，甚至還覺得有點不真實，心裡直問：「這是我的孩子嗎？我當媽媽了嗎？」聽起來有點荒謬，不過當時真的是這樣的心情，而且我也很開心自己當了母親之後，覺得人生又往另一個階段邁進了。

還好那些一路挺過懷孕十個月的艱辛日子裡，馬修很認真、很用心地陪著我，也很體貼地照顧我。很感謝他讓我在孕期很放鬆，生產之後也沒有出現讓大家害怕的產後憂鬱症，因為生育真的不輕鬆，除了生理折磨也會有心理上的壓力，所以老公在身邊好好相伴真的很重要。

撫慰辛勞的笑容與陪伴

兒子剛帶回家時餵奶真的很辛苦，因為兒子早產，親餵時都覺得他的嘴巴似乎沒有力氣吸奶，所以我都需要先將奶水擠出來，每兩、三個小時就要餵他喝一次，喝飽拍嗝後再馬上用擠乳器擠上一整天，持續這樣的循環其實睡不了什麼覺，就算睡覺也是斷斷續續，睡得很痛苦。

因為我們沒有後援部隊的幫忙，也有經濟上的壓力，所以我在生育後的半年也要開始工作，成為一起賺錢的雙薪家庭。在兒子喝了兩個月的母奶後，我就開始讓他喝配方奶，但這樣也沒有比較輕鬆，晚上還是需要一直起床餵他。雖然當父母非常辛苦，要承擔養育的責任，但最重要的是，不論是餵奶、擠奶還是兒子哭了，任何狀況馬修都一定會陪著我一起處理，因此我一直都很感動他那時的付出。

兒子來到我們的生命，讓我感受到成為母親的偉大，養育他的過程中讓我學習了很多，也重新認識了生命的價值。他的到來雖然讓我少了很多自己的時間和空間，也讓我這個注重睡眠的人，幾乎每天都睡不好，甚至要常常為他操心，但也因為有他，讓我能陪著他成長、吃飯、睡覺，幫他洗澡，甚至做很多很多的事，這些是為人母親才能獲得的快樂。那時剛出生的他當然不能給我們什麼回饋，但只要他一個笑容，都讓我這個做母親的覺得就算再辛苦再累，也非常滿足了。

愛的絮語

養育孩子不簡單，除了沒有自己的時間，更要付出心力照顧，因此夫妻除了同心協力，也要不時關心彼此的身心狀況，讓一家人都好好的。

隊友

做個一百分的好搭檔

結婚生子後，要耗費的心力比交往時還多好幾倍，夫妻之間若能彼此幫忙、相互支援，才能珍惜彼此、走得更遠。

先生這樣說

兒子非常黏我，可能是因為從他小時候，我常陪他玩耍、哄他睡覺，陪他吃飯，也看著他笑著哭著，陪著他做所有的事，更不會在孩子需要我的時候，就用一句話打發他。像是：「老婆，你去看一下妳兒子，看他要幹嘛？」或是在他想睡覺時只會說：「老婆，妳去陪他睡。」自己卻在滑著手機，做著自己想做的、過自己的生活。這些對我來說都很不應該，因為孩子最需要的就是父母，而夫妻之間最重要的就是能彼此幫忙、互相支援。

如果想要家庭和諧美滿，需要很努力地付

出，尤其在結婚生孩子後，要耗費的心力甚至勝於交往時的好幾倍，不僅如此，還要記得關心彼此的原生家庭，也要回頭經營自己的家庭。

家務不該一人承擔

每天下班回家後都有家事要做，有孩子的大小事要忙，如果一回家就只顧著滑手機，享受自己的生活，把所有繁瑣的事情全部推給身邊的伴侶身上，真的不應該也不體貼。

如果所有的事情都一個人承擔，在心理上或生理上都會讓人感到疲累，有很多人在婚後都是因此而傷害夫妻的感情，甚至影響性生活是否美滿。我們可以試著去思考，如果身為一個男人，家事和孩子的事完全都不願意幫忙，但關燈時卻想要就要，如果我是女人也不想配合。

我從不覺得自己是個超級神隊友，如果要自我評價的話，最多是個半神半豬的隊友吧！因為很多家事，我都會很願意主動幫忙，雖然常常做得不是很好，例如摺衣服摺得很亂，洗碗也常洗得不夠乾淨，但太太總會鼓勵我、感激地對我說，願意幫忙的我，真的已經是個很棒的隊友了。所以，也許我常常笨手笨腳，但我願意當個努力幫忙的豬隊友，也絕對不想成為讓老婆自己顧孩子、做家事，卻什麼都不做的豬隊友。

太太這樣想

和馬修在一起八年多，彼此都已經很熟悉了，關係不僅是夫妻也是朋友，更是最親密的家人，不過就算一起生活了這麼久，也從不會忽略要感激彼此，所以「謝謝」「辛苦了」這兩句話我們常常說，並持續堅持這樣的習慣，除了謝謝彼此的付出外，也想做榜樣讓孩子學習，畢竟身教是非常重要的。

記得對彼此道聲感謝

有時候最親密的家人相處久了，很容易不小心忘了感激、關心彼此，不僅忽略他們的付出，將一切視為理所當然，還可能對他們發脾氣，漸漸地不再珍惜彼此。

有時候我在回家路上會先將晚餐買好；我在休息時，馬修已經幫兒子洗好澡了；馬修在工作時，我會帶著兒子出去放電；常常，馬修會貼心問我會不會口渴，再倒著水過來給我；有時候的休假日，我會趁馬修和孩子在午睡時利用時間，好好打掃這個家；每每我洗完衣服後，馬修負責曬衣。

一直以來，我們從不把這些事當成彼此應該做的，而是會記得感激對方的付出，說聲「辛苦了」還有「謝謝」，因為雙方都是為了這個家、愛著彼此才會願意花很多時間、勞心勞力地做這些事。

先生很體貼我，他總說我為了生下孩子辛辛苦苦懷胎十月，接著把孩子生下來又要花很多心思照顧，所以很多家事他願意學習、也很樂意承擔，看他付出這麼多，我非常開心也很感激，但卻不認為這些事情是他應該做的，因為兩個人一起生活後，就必須一起為家庭付出。也許他是愛我而做、為了家庭而做，不管因為什麼，他的付出我都應該感恩，畢竟我們對彼此許下承諾，結婚組成家庭後，就是一輩子的隊友了。

夫妻本來就要互相幫忙、體諒和感激，也許我們都不是能力最好的人，但至少都是彼此心中最棒也最用心的隊友。所以記得對身邊那位用心的隊友、對他的付出說聲「謝謝」，也只有這樣，夫妻才會更珍惜彼此，讓幸福更能延續久久。

愛的絮語

除了家務要做，還要花心思照顧小孩，因此兩人更該分工合作，並且記得多多感激對方，彼此才能成為最強的神隊友。

黃臉婆

為心愛的女人分擔責任

愛美是女人的天性，分擔家務是丈夫的責任，先生多付出一點，不僅讓妻子更美麗，也維繫了美滿的婚姻。

先生這樣說

當一個女人每天辛苦工作、下班回家後，可能就要先忙所有的家事，也要照顧孩子的生理需求，甚至在教育與陪伴之餘，還要安頓好一家大小的晚餐。有人的晚餐是買外食，也有人花更多的時間親自下廚，餐後的善後整理也是另一個大型工程，除此之外，或許還有許多滿足老公的大小事要做。

上班忙碌，回到家還要處理這些事，我想就算有人還有多餘的時間整理自己的情緒，也沒有力氣或心情顧好自己的外貌了吧？家庭的重擔如果全丟給其中一個人，不管是男是女，都是一份太過沉重的負擔，除了心理的壓力，久了生理也會過於疲勞不堪，尤其是把所有重擔都丟給自己愛的女人身上，更是不應該。

要讓太太有自己的時間

平日放假時，我會趁一人在家時把所有的家事都做完，因為現在喜歡乾淨，也想多替太太分擔一些，不過說實在的，每次做完所有家務後就累翻了，有時候還要午睡休息一下才能回復體力，或甚至晚上洗澡完就睡了。在生理結構上，男人應該都是比女人體力好，也比較強壯，所以我想自己都這麼累了，如果把這些事都丟給太太，我想她身體、心理肯定都累壞了，根本沒心情也沒多餘時間打理自己。

我和太太因為沒有長輩後援，所以她生完小孩後我早就有心理準備。不論洗衣、洗碗或拖地，或是小孩的生活上所有的責任，夫妻都該一起分擔，所以我們從來沒有把這些責任推給彼此，也沒有抱怨過對方。而每隔一段時間，太太也會想去染髮或換個造型、做美甲，或是進行她最喜愛的休閒娛樂——逛街買衣服，當她提出這些要求，我都會二話不說地答應她，因為希望她能有自己的時間，也能偶爾過過結婚前自由自在的生活，我知道這樣，會讓她更放鬆、更開心。

我一直都覺得，當我們男人多多分擔責任，女人才會更有多餘的時間去維持她們的身材和外貌，我也相信這樣做，黃臉婆這個字眼才會離女人很遠很遠。所以，當你在抱怨太太為什麼像個黃臉婆的時候，可能要試著問問自己，是不是因為你的作為，決定了你的女人的樣子。

太太這樣想

愛美是女人的天性，對我來說也不例外，長頭髮久了就會想剪短，直髮看膩了就去燙捲、染個好看的髮色，逛街打扮更是我最常也最喜歡的娛樂。單身時很常自己一個人逛街，很自由也很輕鬆，讓自己美美的，心情也會很愉快。

和馬修結婚後，其實少了很多自己的時間，因為想要維持幸福的婚姻，最需要多和伴侶互動，而自從生下孩子後，自由的時間更是少之又少，想要好好放鬆，或做自己的事，時間都是要用擠的才會有，不過我最大的幸運就是，先生總是願意承擔家裡很多事。

分擔家務讓老婆好好放鬆

常常我想逛街時，他願意在家帶孩子，甚至常常陪我去逛；有時候遇到換髮型的困擾時，或是想好好整理自己，讓自己美美的，他都很踴躍地給予意見，也很願意支援家務，不管我想做什麼事，他從來都是支持的。而且現在帶孩子對他來說，是十分輕鬆，可以從容應付的。

我永遠都記得，當初他第一次要一個人帶孩子的時候，那個緊張擔心、又必須好好面對的表情，因為平時都是我和他一起帶孩子，許多處理孩子的方式和態度，他會很常依賴我，不過讓我感動、慶幸的是，當時的他並沒有害怕而拒絕這個責任，反而更加勇敢地承擔。

常常聽到一句話：「世上只有懶女人，沒有醜女人。」只要有時間又願意打扮，女人就會變更亮麗，不過對於這句話，我覺得應該要再加上一句才更精準：「有一起承擔家務的男人，就不會有醜女人。」並不是女人不願意打扮、不想好好整理，有時候是因為家事太多太忙，讓她沒心情也沒時間而已。

因為沒有一個女人，是願意當個黃臉婆的。

愛的絮語

男人若能分擔家務，老婆才有時間好好打理自己、享受獨處的時光，畢竟有一個快樂的老婆，才有個美滿的婚姻。

抱孩子

傳達愛與溫暖

不管身體有多瘦、有多累，只要孩子希望父母陪在身邊時，
就該讓他們盡情地依賴在你懷裡。

先生這樣說

在和太太決定生孩子時，便開始看了很多的育兒書籍，也上網找了許多資料大量閱讀，不僅因為有點緊張，也擔心將來孩子生下來後，自己的教育知識不足，不能給孩子最棒的觀念。

在多次搜尋教育資料時看到有人說，不應該孩子一哭就馬上去抱，因為久而久之，就會讓孩子產生依賴感。

一開始我看到這個親子教養的資訊時，其實有些認同這種觀念，也想在孩子出生後，開始跟著執行這樣的做法。

不吝嗇給孩子擁抱

但在兒子出生後當下立刻改變了我的觀念，我覺得我的孩子很可愛，我很愛他，為什麼要限制對他的愛、和他想對我的依賴？我不想也不要這樣的互動，不管抱或不抱會有怎樣的影響，我只知道，當孩子需要我的時候，我就想抱著他。

從兒子小時候直到現在，我就很喜歡抱著他，因為希望他能感受到父親的愛，所以他每次只要對著我喊：「爸爸抱抱。」我還是一手攬起他、抱緊他，讓孩子感受到父親的愛。

雖然有時候隔天手會很痠，有時候腰也快要撐不住，但我還是喜歡持續這樣的互動，因為我知道他將來漸漸長大後，可能不會再像小孩般依賴我們了，到時候想抱他，他可能也不願意了，所以我才更會珍惜著，這些能擁抱著他的日子。

我和孩子講話的時候，都會盡量彎下腰或蹲下身，因為這是他們眼中的世界，相對地，抱著孩子的同時，也能讓他們看看父母眼中的畫面是什麼樣子。我覺得有時候能用彼此的角度看世界，多站在對方的立場，才更能了解彼此。

太太這樣想

我和先生都很喜歡抱兒子，也都認為只要孩子願意，只要我們力氣還夠，都不會吝嗇抱孩子的。孩子需要我們，就應該要給予孩子愛與關懷，因為這些本來就是父母該做的。

兒子小的時候我很常抱著他，餵奶的時候、幫他洗澡的時候、還有半夜他哭的時候，我都會抱他，但隨著他慢慢長大，體重也愈來愈重，已經不是我能負擔的重量了。

雖然有時候，他還是喜歡我抱著他，但往往沒幾分鐘，我就只能放下他了，因為我的力氣也漸漸地承受不了，就算想繼續抱他，真的是心有餘而力不足了。幸好，在以前我能抱著他的時候，我都有好好地把握、好好地珍惜那些抱著他的機會和時光。

孩子是甜蜜的重量

以前出國旅遊的時候，因為考慮到孩子現在變重了，我這個媽媽應該承受不了了，所以把推車帶去，但旅遊的前幾天，我們都沒帶上推車，因為帶著走真的有點麻煩，也還好兒子有小哥哥的陪伴，所以很願意自己走，大部分時間也都沒有要求我們抱他。雖然後來我們也把推車帶出門了，但孩子就算累了不想自己走，也不見得會想坐著它，這時就會想找我或是爸爸抱。

那幾天馬修說手和腰都很痠，我跟他說：「你手不痠才奇怪，你兒子都十五公斤了，你還一直抱他，也都抱很久，而且每次都是有求必抱。」他跟我說：「手會痠當然不舒服，孩子的重量也是很大的負擔，但他現在需要爸爸抱抱，也還願意讓我抱，反正現在也還抱得動，所以不管再重，只要孩子要求我都願意、也會想一直抱著他。」

有幾次兒子睡了，我看著馬修雖然很累但很開心，每次看他抱著孩子，總是喜歡用臉磨蹭著兒子的臉，一邊抱他一邊跟他玩，在我眼裡，他是在享受跟孩子相處的時光。他除了很喜歡抱著孩子，也很喜歡抱我，因為他覺得擁抱會給予很大的溫暖、很大的力量，傳達很深的愛，所以他總是很珍惜每一次的擁抱，以及抱著孩子的時光。兒子有馬修這個爸爸，真的、真的，很幸福。

愛的絮語

每一次與孩子的親密接觸都很珍貴，因為一不留神他們就長大了，所以現在孩子還依賴你時就多陪伴他，給予大而溫暖的擁抱。

教育

真心愛孩子最重要

帶孩子勞心又勞苦，卻也從他們身上學到如何愛人，只要能聽到孩子說聲我愛你，比什麼都還值得。

先生這樣說

父親節的時候，太太問要不要幫我慶祝，我說不用了，有她和孩子在身邊就很滿足了。如果可以選擇慶祝的方式，我希望讓父親抱著小馬修，再跟他好好地喝幾杯啤酒，聊聊他年輕時的往事，但，這個小小的心願，卻是再也辦不到了。父親在我二十歲當兵時罹患高血壓走了，他的離開讓我難過很久，至今我還是一直很想他。

父親是一個不善言詞的人，從小到大他都不會主動跟我聊天，也不會問我學校發生什麼事，我知道爸爸不是不愛我，只是不曉得怎麼和孩子交談而已。以前聽媽媽說，爸爸常常買三件一千元的褲子，自己當了父親後，才了解爸爸為什麼那麼喜歡三件一千元的褲子，因為他只是想把節省下來的錢，全部花在孩子身上。不知道自己是不是遺傳他，還是每個父親都是這樣，總是自己過得隨便，但希望自己的孩子過好一點。

孩子教會父母如何愛

太太有時候會問我，會不會覺得帶小孩很累、很後悔？說真的其實很累，但是帶孩子本來就是一件勞心又勞力的事，而且我又是個會事事擔心的人，應該會為孩子操心一輩子的吧？但，這是我自己選擇的，也因為當父親後有所體會，才能更了解我父親的感受，也感覺更靠近祂多一點了。

看著孩子漸漸長大，我也覺得自己更成熟了，因為從孩子身上學了好多好多。他重新教了我該如何愛人，讓自己變得更有耐性，也懂得如何照顧別人，更讓我了解到愛自己的孩子、想保護孩子是怎樣的感受，原來，孩子哭的時候，當爸爸的比孩子更難過。

如果再讓我重選一次，我還是會選擇生下孩子，也許很累很辛苦，但每次聽到孩子叫爸爸，說一聲我愛你，我覺得已經比什麼都還值得了。

太太這樣想

從小馬修一出生，先生就學著幫小孩洗澡、餵奶、拍嗝、換尿布。剛坐月子的時候，我都是親餵小馬修的，很多爸爸會覺得，反正老婆親餵時自己也幫不上什麼忙，所以都直接倒頭大睡沒幫忙，但每次我親餵時，馬修總是會跟著起床陪我聊聊天、看看孩子，也幫忙照顧，因為他不想只有我一個人在辛苦，希望多少能陪我分擔一些。

半夜小孩哭時，他會趕快抱著小孩哄睡；空閒的時候，就去洗奶瓶、洗碗；我塞奶的時候，也很努力找資料、還很貼心跑去菜市場買空心菜幫我冰敷胸部。不管有沒有用，我真的很感動有他這個老公，現在回想起來，一直很謝謝他努力學習，還有體貼的心。

學習當個好父母

自然產過了三天就出院的我有好多事情都要自己試著做，雖然不熟悉，但還是要扛起責任學習承擔。有一次馬修要試著幫嬰兒洗澡，我說好啊，結果他幫孩子洗到一半時覺得嬰兒好軟、好難洗，他好害怕，就把孩子遞給我。他說我一出院就立馬上手，好多時候都知道該做什麼事，覺得我很厲害。我笑著說，因為沒有長輩後援，只好讓自己趕快適應媽媽這個身分，才不會慌了手腳，讓事情變得更糟；而馬修很多事情也是邊做邊學，雖然有時粗手粗腳，但他很認真、照顧孩子也非常細心，每分每秒都陪著我一起照顧孩子，讓我完完全全沒有產後憂鬱的症狀。

不是每個男人、女人在小孩一出生就什麼都會，更不是嘴巴說說我不會，就可以拍拍屁股走人不做，若是如此，每個當爸爸的人是不是都可以直接說我不會，就什麼都不用做了？

馬修很早就失去父親，他總是跟我說因為來不及孝順爸爸，還有和爸爸好好聊天，讓他很嚮往親子互動的感覺，所以現在他每天下班一定會抱抱孩子，晚上睡前會親親小馬修的額頭說：「我愛你，爸爸很愛你。」我們不是天生就會當父母，只是一直很努力很用心地學習如何當個好父母。

我和先生除了感情好，在教育上也有很好的默契，我想這真的是每天經營、彼此用心對談而獲得的。當先生扮黑臉時，我就扮起了白臉；當他嚴肅地教育孩子時，我就會跟孩子說，爸爸是因為關心他愛他，所以更要教他；而當我扮黑臉時，先生也會扮起相反的角色。我們不是最棒的父母，但很願意花時間在孩子身上，用滿滿的心思陪伴他。

愛的絮語

每對夫妻在照顧孩子的過程中，都在摸索如何成為好父母，只要用心去照顧孩子、耐心地溝通，就是最好的家長。

休假安排

假日也要和家人一起過

雖然假期總是需要忙家事、顧小孩，但是有家人在身邊陪伴的假期，無論做什麼都覺得特別幸福。

先生這樣說

自從小時候迷上電動，就很喜歡在家玩遊戲，常常一玩就是一整天，連假日也懶得出門，國中也是因為沉迷遊戲，學業成績總是吊車尾，爸媽每天為了我的功課傷透腦筋。

爸爸還曾經笑說，成績總是最後一名，但如果有遊戲比賽，我應該可以第一名吧？所以一直以來我最愛也最常安排的休假活動，就是待在家耍廢，打上一整天的電動。而且我很討厭出門人擠人，就算是長達九天的年假，我也可以好好待在家打電動，要說我是個宅男，我也不會否認。

家人比電動還重要

還是單身的時候，宅在家打遊戲依舊是我的最愛，後來認識了太太開始經營情侶關係，才發現這樣的方式對兩個人的相處有損而無益，因為如果都把時間花在電動上，不願意多用點心思在兩人關係上，感情一定只會愈來愈淡。我也是在年紀慢慢增長後，才改變了對很多事情的看法，還有時間上的利用。

對目前的生活來說，玩遊戲還是我很喜歡的消遣，卻不是最重要的興趣了。雖然我以前總是喜歡宅在家，但為了家人，現在我也願意陪著他們到戶外走走，因此休假安排的第一順位，已經從宅在家打電動，變成陪伴家人了。現在不論外出或在家，都以他們為主，像是陪太太逛街、踏青，跟孩子一起玩球、到外面跑跑，好好地陪著他們。

電動雖然是個不錯的消遣，但不應該太過入迷，也不能把所有假日都奉獻給它，畢竟電動的世界是虛擬的，而時間無情、生命有限，人與人的相處才更要好好珍惜，每過一天，和家人的相處時間便又減少了一天。所以現在只要開始準備排假時，第一時間都會打電話問太太假日的安排，再回頭調整我的休假日，就是希望休假能和她還有孩子一起度過。

太太這樣想

每次休假都希望好好善用時間，而且我總是堅持要到戶外走走，才會有放假的感覺，所以宅在家，一直都不是我習慣的休假方式。我也和很多女性一樣，休假的時候會想去剪美美的髮型，或是做美甲、接睫毛，偶爾放長假出國，或跑遠一點的地方旅遊……總之休假時就會想好好利用時間，開心地放鬆。

所以身邊大部分的朋友也都和我一樣休假喜歡外出，但自從認識先生之後才發現，他很習慣休假時宅在家，而且是極度喜歡，和我的方式完全截然不同。雖然不是不能接受，但一開始真的不習慣，一起出門也時常會感覺到他不喜歡人擠人，不太自在，不過我們彼此都很互相配合，所以他漸漸地接受休假出門，我也習慣了偶爾宅在家。

休假時光都留給家人

雖然休假宅在家不是我的風格，但既然是我愛的先生最喜歡的方式，所以我也試著調整，從不喜歡到慢慢適應，習慣後也漸漸體會宅在家的優點。可以不用外出接觸擁擠的人群，和先生還有孩子膩在家裡，邊吃零食邊看電影、一起耍廢，也是一種培養感情的方式。尤其是累的時候可以直接倒頭就睡，隔天就能神采奕奕地上班。

其實結婚之後的生活，已經不像單身的時候想逛街就逛街，每天都會有家事要做，比如地板不可能一直是乾淨的，總得花時間去拖地，有時候光做完家事，半天的時間也已經過了，所以我現在的休假安排，也都是以家和孩子為第一優先。

只是我比較幸運的是，先生都會願意一起分擔家務，孩子的任何事他也願意承擔，有時候我想出門放鬆的時候，他也總是二話不說地答應，還開玩笑說：「太太開心，老公才能開心。」

也許現在的我，不像單身時那麼自由自在，休假的時間可以任意使用；現在休假可能需要拖地、洗衣、顧小孩……雖然不輕鬆，不過和先生一起齊心為這個家付出，便獲得不同於單身時的滿足和快樂。

愛的絮語

能和伴侶一起為家付出，一家人還能相聚一起共度假期，就是幸福又令人滿足的美好時光。

母子情深。

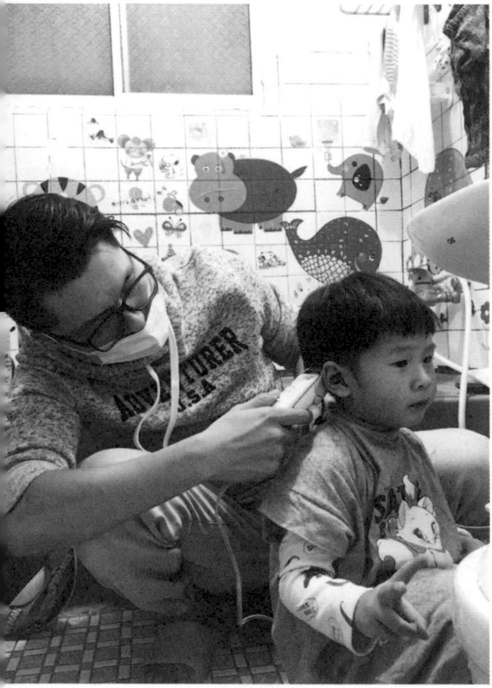

兒子不給外面的阿姨剪髮，
只好由爸爸親自操刀。

兒子送媽媽的
母親節花束。

馬來西亞之旅遇到的同團小妹妹

戶外公園跑跳。

爸爸為了兒子穿上超人裝。

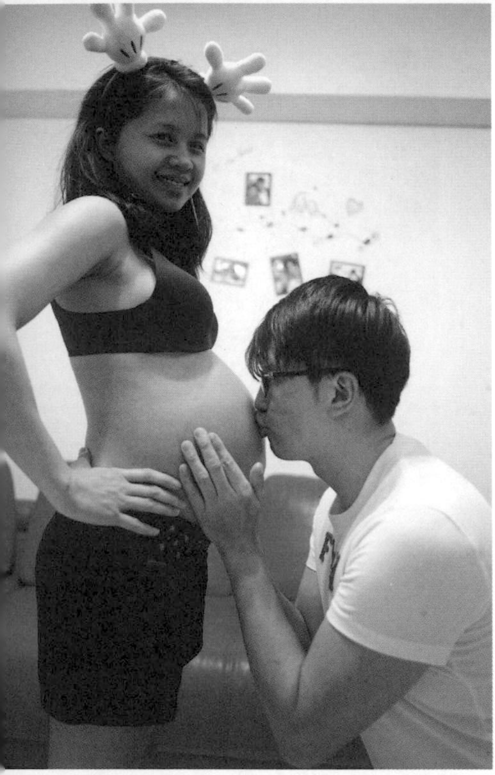

懷胎十月的偉大。

總是喜歡擠在麻麻旁邊睡。

把拔下班買麻麻喜歡的
草莓蛋糕回家。

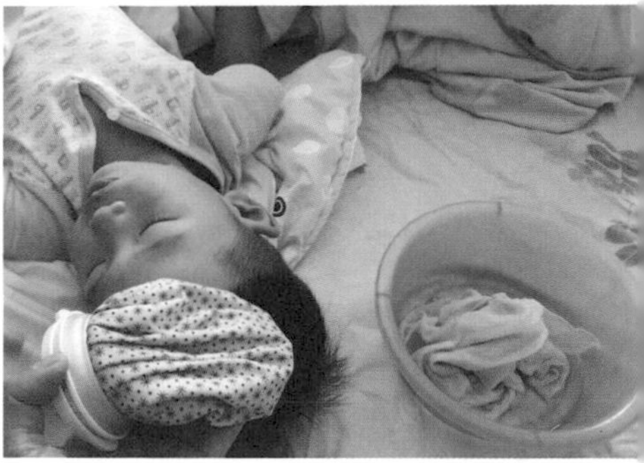

把拔認真用心地照顧兒子。

父子一起裝可愛。

帶兒子感受現場籃球比賽。

互相

兩人相處最需要將心比心

每個人都希望自己的另一伴愛自己又體貼，畢竟如果有神隊友的支援，誰希望身邊的人是豬隊友呢？

先生這樣說

我和太太在結婚、同住以來，無論孩子的事情、所有的家務，都是保持著只要誰有空就會去做，從來不會計較誰做得比較多，因為我認為夫妻、情侶之間，沒有誰應該做什麼，誰不應該做什麼。每當下班很累或偶爾身體不適，太太總會先把孩子安撫好，也會把家事都做完；相對地，太太有狀況時，我也會無悔地付出，因為當彼此有困難時，另一伴本來就該挺身而出。

每週六太太上班，這一天幾乎是我一個人帶孩子，有時候會帶著孩子回奶奶家給她看看孫子。每次回奶奶家，一待就是一整天，吃完晚餐、聊聊天後回到家已經體力透支，也沒什麼力氣做家事了，但是此時會發現太太已經把衣服洗完曬好，拖地、倒垃圾……家裡的大小家務她幾乎都做完了，甚至連我的電腦桌也擦乾淨了。我們住的是老公寓，所以丟垃圾時都要在定點等，有時候來不及還需要追垃圾車。我常常都會驚訝，小小個子的她是怎麼提那一大袋非常重的垃圾，根本是神力女超人。

多站在對方的立場著想

孩子黏著在身邊的時候，我們總是很能把握時間，不會把他當皮球推來推去，因為知道抱著孩子的時間有限，隨著他漸漸長大，陪伴的機會只會愈來愈少，所以當他黏著其中一人時，我們絕對不會說：「去找爸爸。」或者「去找媽媽。」我們更會說：「來找爸爸、來找媽媽。」所以當兒子來找我，太太就會抓緊時間做家事，或趁機休息；相同地，只要兒子黏著太太，我也會趕快做我自己的事。

女人總是愛美，太太也不例外，她每次問我能不能去剪頭髮、做美甲，我都會跟她說：「沒問題，孩子我來顧就好。」畢竟孩子是共同的責任，讓太太偶爾輕鬆放風，是我這個做老公的責任。所以當你對家庭、對伴侶有深厚的感情，也很願意付出時，你會擔心的是怕自己做得太少，而不會抱怨自己做得夠多了。夫妻之間在意的，從來都不是誰應不應該做什麼，我們最在意的只是對彼此、對孩子付出的愛夠不夠多，只要每件事情都能站在對方的立場多想一些，爭吵也會更少一點了。

太太這樣想

俗話說女怕嫁錯郎，做為女人的我真的很認同這句話，因為結婚是一輩子的事，遇見錯的人，辛苦的一定是自己。每個女人都希望找到一個疼愛自己又體貼的老公，也希望另一伴回家會幫忙家務，如果有神隊友的支援，誰希望身邊的人是豬隊友呢？

我很幸運地遇見現在的老公，他在每件事上總是會以我為優先，我知道他住老家時，他的母親總是幫忙打理好一切，所以很多的家務其實都不會，但是結婚之後，我看著他很努力地學習、很用心付出，就是想和我一起分擔這些事，不要讓我累著。

雖然很多家務常常做得零零落落，比如地板有拖，卻拖得不乾淨，衣服有曬，卻曬得亂七八糟，但他有這份心就讓很我感動了，所以拖得不乾淨，我就再拖一次，衣服曬得太亂，我再重新整理就好。

有同理心婚姻生活才美好

其實聽到很多身邊的人分享夫妻生活不美滿，是因為有許許多多的問題，最常聽到的就是彼此沒有同理心，可能是單方面不願意做家事，或是不想照顧孩子，卻把所有的事都丟給另一伴，除了體力負荷不了，連心理也出了問題，最後只能以分手或離婚收場。

其實聽到這些都讓我感到難過也覺得可惜，因為我一直認為，只要夫妻同心，是可以很有力量的；只要認真經營用心相處，就算只是一些小事，也能讓彼此感到幸福，而這些幸福更能帶著對方，走得更長更久。

我覺得兩個人相處，很重要的一點就是將心比心，站在對方的立場思考，才能更了解彼此的想法，產生同理心和互助心。交往結婚成為夫妻之後，兩人就是一體的，家庭裡的每件事都該相互分配、各司其職。地板不會無緣無故變得乾淨，衣服也不會自己跳進洗衣機洗好曬好。

夫妻相處最重要的是互相的心，每天多一些付出，一點一點地累積，好好經營彼此的感情和生活，愛一定會愈來愈多。

愛的絮語

夫妻最在意的就是對這個家付出得夠不夠多，只要每件事情都有站在對方的立場著想，也就不太會有爭吵了。

CHAPTER 03

未來的路，攜手一起走

婚姻生活中有風雨，也會出現彩虹，
再困難的事，只要能相互依靠，
都能肩並肩一起大步向前。

吵架

理性溝通，學會珍惜

夫妻感情平時雖然甜蜜，仍然會對事情的看法不同而起爭執，只要記得吵完後馬上和好，再回頭好好愛彼此。

先生這樣說

有時候看到生活一輩子的老夫老妻，除了感情好以外，有些甚至還從沒吵過架，我真心覺得感動、也很欽佩，就算我和太太感情這麼好，但相處在一起有時候真的很難避免吵架。

記得彼此剛認識吵架的時候，我都會羨慕那些從不吵架的伴侶，也真心希望如果能不爭吵，那該有多好？不過後來和太太在一起久了，慢慢地找到相處模式，也常在錯誤中找到修正的方法，就像吵架這件事對我們來說，其實就是一種溝通方式而已。

記得回頭愛彼此

我和太太非常相愛，在一起到現在甜蜜感依舊不變，但各自的生活習慣總是有些許不同，所以偶爾還是會因為對事情的看法、做法的分歧而有所爭執，嚴重的話就會成為吵架的原因。

但我們永遠都記著一個重點：吵架不講重話，絕對不講難聽的話。因為，那只是大聲一點、更嚴肅一點的溝通，這場爭吵不是為了傷害彼此而展開的，因此不要為了論輸贏，吵贏了卻輸了感情，讓對方理解自己的想法，才是真正重要的。爭吵沒有誰會開心的，重要的是吵完了就應該放下，再回到彼此相愛的位置。

愛情裡大家都希望能開心和平，畢竟彼此要過上一輩子，很難避免爭吵。婚姻生活時常因為總會遇到柴米油鹽、生活習慣、教育孩子各種生活上的大小事，這些都需要溝通和適應的。吵架是一種溝通，讓兩個人更了解對方，也清楚知道，對方在意什麼、地雷在哪裡。我們從來沒有想要贏，只是希望能理解彼此。吵架不見得是一件壞事，只是記得要趕快和好，因為冷戰才是更傷害相愛的兩個人的武器。

相愛很快樂，相處不容易，在溝通爭吵時，各退一步、互相體諒，只要一起走過了，就會攜手愈走愈遠了。

太太這樣想

相處時發生的爭吵一定是壞事嗎？其實我不這麼認為，因為在每次吵架中能更了解彼此最在意的事，也能愈清楚看到雙方的地雷區，相對地更了解對方，因為如果不能理解彼此，兩個人都會很辛苦。

我和先生的個性很不一樣，他在感情方面非常細心，而我則比較大剌剌的，因為他很細心，所以我也會常被他碎碎唸，我知道大部分都是因為他會擔心我、在乎我，所以才會這樣嘮叨，但我的個性就是不喜歡這樣，所以我們偶爾會因此而吵架。

好好珍惜身邊伴侶

還記得有一次吵到冷戰，隔天他來找我講話後才和好，那次我們都哭了，也約定以後再怎麼吵都不能說難聽的話，當天就要和好。兩個來自不同家庭的人一起生活，想法不一樣本來就很合理也很常見，意見不合就會爭執、開始吵架，吵完之後就冷戰，有些人會冷戰三天，有人則久至十天、二十天，我相信因此分手的，也大有人在。

這樣其實很可惜，因為我相信很多分開的彼此，都是愛著對方的，只是有時候為了爭一口氣、為了勝利，然後輸掉彼此，這樣非常划不來，人本來就應該要學會珍惜身邊的人才對。

和先生相處至今，每次的冷戰絕對不會超過一天，不管怎麼吵，我和他都有同樣重要的觀念——隔天就和好。夫妻、家人不應該有隔夜仇，因為吵架其實也算是一種溝通，吵完了就應該放下。

其實我很幸福，因為每次爭吵都是他先來跟我道歉示好。我曾經問他為什麼每次都會先道歉，不會覺得很不服氣嗎？他說這也是生活中的一部分，他不想為了吵架，而失去彼此相愛的機會。聽到他說的這番話我真的很感動，雖然先道歉的他好像很吃虧，但在我心裡卻也更珍惜他了。

愛的絮語

先道歉的人不等於輸了，因為愛情不是場比賽，爭吵時的兩人唯有各退一步，才能贏得彼此。

父子情深啊！

兒子舒適的專車。

好懷念的熊貓車。

母子自拍。

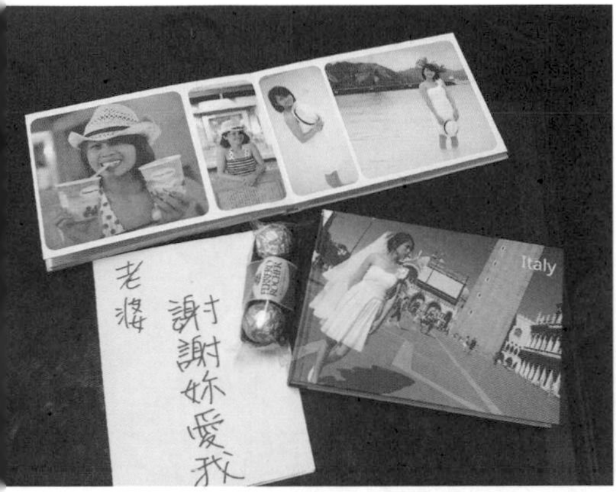

情人節出遊照片洗成一本回憶錄。

帶兒子去公園吊單槓。

喜歡抱著孩子的感覺。

日本的宇治上神社。

嘉義二日遊。

兒子覺得爸爸也很可愛。

日本旅遊合照。

跟爸爸出的書合照。

一起吃早午餐。

聊天

認真交談才能表達深情

生活大小事能與彼此分享，透過聊天關心對方的心情、想法，
是一個能讓夫妻感情升溫的方式。

先生這樣說

這個科技爆炸、手機不離身的時代，低著頭滑手機好像已經是習以為常的現象，甚至常在餐廳看見同桌吃飯的人，從進餐廳到離開餐廳，可能交談都不到十句話，大家都很認真地看著手機，似乎是一個人在吃飯似的。科技的進步讓我們都能時時刻刻地獲得更多的資訊，但也拉遠了人與人之間距離，也少了交談。

我說：「我剛才下樓過馬路，運氣超好的耶，一下樓就遇到綠燈了。」

太太：「是喔，也太幸運了吧～」

我回：「對呀，請叫我幸福男神，哈！」

這樣的對話幾乎沒特別的意義，但在我和太太的生活中，每天都會有這樣的互動，因為我和太太幾乎會把生活中所有的大小事和彼此分享，也許只是沒特別意義的生活瑣事，但對我們來說都是特別重要的，也覺得是一種讓感情持續加溫的方式。

維持生活交流很重要

或許有人會覺得這樣的對話挺無聊的，但這就是每天相處最重要的分享。我幾乎每天都會和太太聊天，甚至常聊到三更半夜，聊到忘記時間，有時候還會把睡著的兒子吵醒。你們也許會很好奇，我們每天聊這麼久到底是在講什麼，其實我們只是在聊每天發生的事、遇到的人，有時候聊的是人生大事，也可能是無聊的芝麻綠豆小事，最重要的是，這些都是可以維繫兩個人感情的事。

常常聽到很多的夫妻、情侶說，從每天熱線到相處幾年後，寧願滑著手機沒什麼話好說，彼此都放棄了交談，也讓距離愈拉愈遠。

聊天和聆聽都是一件很重要的事，在夫妻、情侶之間更該重視的，所以當你一回到家，準備拿起手機時，是不是應該先放下它，好好看著你身邊的他說：「你今天過得好嗎？可以跟我分享嗎？」也許這樣，會比認真滑著手機的兩個人，更能貼近彼此、感情也更親密。

太太這樣想

如果一起相處的夫妻或情侶，每天下班回家都能聊聊天，而不是滑手機、看電視，或者是過各自的生活，那麼感情應該都可以維繫得很好。我們認識彼此，對我和他來說都是很大的幸福，因為我們是感情很好的伴侶，更是無話不談的好朋友，每天總是可以從北聊到南、從天聊到地，不論是政治、運動、連續劇還是旅遊，什麼都能聊，雖然有些我不懂，有些他不懂，但我們都會互相分享經驗或看法，不懂的那一方，也都會認真地聽對方的分享。

透過交談傳遞深情

聊天可以是輕鬆的，也可以學習交流，更可以增進彼此感情，但最重要的是，要用心地投入其中，若敷衍了事的交談，反而可能會變成吵架的導火線。人在生活習慣上，都會有些許的改變，藉由聊天才能更了解彼此最近的想法或感受，像是如果先生問我晚上想吃什麼，我回他：「隨便。」或是：「你應該要知道，你應該要懂我。」雖然只要相處夠久、感情夠好，有時候不用多說什麼就能了解彼此，知道對方在想什麼，但透過交談，我覺得更能傳達很多情緒，或是更深層的感情讓彼此感受得到。有些事不說出口，對方其實並不會知道。

從認識到現在，我們都一直很有默契，每次到外面吃飯，都不會把相處的時間拿來低頭滑手機，而是用來好好地相處和聊天，也會多和孩子互動，這個約定，我和先生都非常重視，所以我們也一直都做得很棒。

也許滑手機可以知道許多網路上的消息，或身邊朋友發生的事情，但卻無法了解那個離我們最近也最重要的伴侶，他的心情或最近發生的事。也許他心情不好需要安慰，也許他身體不適需要關心，這都是要透過互動才能知道的，所以我和先生都認為，相處的時間能好好聊天是非常重要的。

愛的絮語

透過互動、透過交談，人與人之間才有珍貴的交會，所以記得適時放下手機，好好關心你身邊的伴侶與家人。

生活中的驚喜

感情需要來點浪漫火花

夫妻相處久了，生活就會趨於平淡，若能帶給彼此一些驚喜，
不僅拉近兩人距離，也會愈來愈相愛。

先生這樣說

兩個人相處久了，因為熟悉彼此的習慣，可能會讓生活漸漸趨於平淡，雖然平凡不代表感情不好，不過能在平凡之中創造一些驚喜，就能讓生活多些記憶，年邁以後想起來，都會覺得是一段很快樂的回憶。這樣的驚喜是浪漫，更是在相處上一種很棒的經營。

求婚的時候、結婚週年時、還有太太的生日，我都思考了好多的點子，因為在平淡的生活裡，我想給她驚喜、想讓她開心，也希望創造我們共同的回憶。很多人常常會問我，和太太感情為何一直這麼好，其實就是因為我們都很認真、

也很用心地經營這段感情。

好感情需要彼此的付出

經營愛情不是件簡單的事情，除了用心，還需要驚喜，像是我精心策劃的求婚、結婚七週年的驚喜，又或者是偶爾下班時，買太太最愛的食物。不僅如此，生活中還需要體貼對方，每次太太回家時，我總是會倒一杯水給她；她腳痠的時候幫忙按摩；在她累的時候，扛起家事和照顧孩子的責任；在她需要的時候，傾聽她的心事和難過；在她需要的時候，給她依靠，只要她需要我的時候，我會願意放下手上的事情去陪伴她。

當你的另一伴，想要認真對待你們的愛情時，除了珍惜這段感情，更需要給予他回饋，因為經營，本來就不只是單方面的付出。

和太太在一起以來，每一天我們都很認真經營，每一天我們都會放下手機聊天，每一天我們都會表達彼此的愛，每一天我們都會互相體諒，每一天我們都會想付出更多更多的用心，好好對待彼此。我們總是很認真地愛著對方，所以才能一直維持這麼好的感情。

如果總是把別人的付出當成理所當然，到最後對方也可能會，很理所當然地離開了。

太太這樣想

之前提過的我對他第一印象，就是個斯斯文文、個性害羞的一個大男生，但真正和他相處後，發現他其實是個幽默的人，帶給我許多歡樂，還製造了許多驚喜，這真的是在交往之前，完全沒想過的。

我知道他很喜歡打籃球，也很愛穿籃球T恤，所以在去帛琉玩之前偷偷買了好多件，然後第一天到飯店時拿出來送給他，雖然我送的禮物不是很昂貴，但他還是很開心。他每次都說不用幫他過生日，但我還是會想要製造一些驚喜幫他慶生。雖然和馬修相較之下，我給他的驚喜可能少一些，但每次的互動中，我們都能感受到彼此的用心和認真安排，這就是經營生活，也是我們感情一直這麼融洽、那麼相愛的原因吧！

不時製造浪漫的火花

如果他沒有帶給我那些驚喜，其實也不會影響我們的感情，只是每次當他又想出一些讓我驚訝或感人的創意時，我還是會很感動，也很開心有他在身邊。我覺得能嫁給他真的很幸福，因為他願意花心思做這些舉動，完全表達他的認真與用心地經營，也很真心地在愛著我，這是我從每一次的驚喜中深刻感受到的。所以在平淡中偶爾有一些火花，是浪漫、也是拉近彼此距離的方式。

我們喜歡給彼此驚喜，是因為希望對方開心，我們也很樂於給予愛，雖然不是富裕的家庭，但這個家有滿滿的愛和用心。馬修給了我很多美好的回憶，那場搞笑又感動的求婚，還有結婚週年的精心安排，又或者是生日時偷偷買手機送我，都讓我覺得自己無比幸運。

有時候會想，他帶給我的驚喜，哪一個是最讓我開心的？思考過後才發現，其實最大的驚喜，就是在我的生命中，遇見了他。

愛的絮語

平凡又重複的生活中，為對方創造的一些小驚喜，都會變成浪漫的回憶，兩人也會成為彼此生命中最好的驚喜。

有些事情要保持

每一天都要表達愛

有些伴侶相處久了，漸漸地鬆開對方的手，因為感情裡需要保持好的相處模式，每一個小動作，都在述說愛。

先生這樣說

我想大部分剛熱戀時的情侶們，在行動上應該都非常積極的，因為很喜歡彼此，巴不得每天膩在一起，不管到哪裡手都是牽著的，如果有更熱情的表現，就是擁抱或親吻了吧。我喜歡那樣的感覺，就像我和太太剛熱戀時一樣幸福又快樂，所以從認識到現在，我對太太也一直保持那樣的態度。

曾在逛夜市的時候看到一對父子牽著手，其實父子牽手並不意外，但讓我驚訝的是，那個孩子的年紀以外表來猜測，應該至少國中以上了，以我自己來說，國中之後就再也沒牽過父母的手了，所以那對父子的行為讓我很訝異，也很令人羨慕，我相信他們一定是有著深厚的親情，才有這樣的表現。不管是那位父親還是孩子，他們在相處上，一定都是保持著對彼此的愛；而看著他們，我也希望將來有一天，我的孩子長大之後，我們也能夠像他們一樣。

每個小互動都是大大的感動

我很喜歡牽著太太的手，也常常想起第一次牽著她有點緊張的時候，容易流汗的我，手汗就像噴泉般流個不停，但，那一刻真的讓我感到幸福。我想，如果在熱戀的時候，時時刻刻都想牽著彼此的手，不論走路、坐捷運或公車，甚至是吃飯睡覺，都不想放開彼此，那為何在相處久了之後，卻漸漸地鬆開對方的手？可能是因為感情淡了，又或是覺得習慣了，更可能是無心經營了，時間常常在無意間抹殺了我們的熱情，所以常常很多人會說，婚前一個樣，婚後不像樣，因為忘了經營，更忘了保持。

我常常在走路的時候，會伸手牽起太太，甚至把她的手拉到我的嘴前親一下。「噁心。」太太皺著眉頭說。然後我對她做個鬼臉，她就笑了。真的不要小看這些生活上小小的互動，都是維持彼此愛情的動能。

我最喜歡看著爺爺、奶奶牽著手，因為這代表了兩個人一起牽手走過了一輩子，經歷各種開心與難過，也認真地經營彼此的愛情，才能一直白頭偕老，每次看到這樣的背影總是會讓我很感動，還會不小心流淚。

也許，你很久沒牽著彼此的手了，如果忘記了，希望你能再次牽起來，如果保持得很好那就再繼續保持，因為這不只是一個情趣，更是一種愛著對方的表現。雖然我們已經是老夫老妻了，不過還是喜歡牽著太太的手，睡覺的時候會跟她道晚安，也很常對她說：「我愛妳。」更重要的是，我對她的愛一直保持不變。

太太這樣想

記得曾在網路上看過一篇文章，內容敘述如何分辨情侶交往的時間。手緊緊牽著的應該是熱戀期，偶爾牽手的可能交往一陣子，完全不牽手的應該是老夫老妻，實際情況當然不見得符合這樣的說法，但卻是所有情侶之間都可能發生的狀況，因為人與人之間，常常只要相處太久了，就會忘了保持著剛在一起時的熱情。

建立甜蜜的相處模式

我們到現在還是喜歡牽手，就連睡覺也會牽著手睡，時常向對方說「我愛你」。我想是因為我們一直愛著對方，也是彼此的好朋友，所以常常聊天聊到三更半夜。還記得有一次我們在房間聊得很晚，可能聊天比較大聲，兒子在睡夢中突然爬起來，發出了一聲「噓」，我和馬修相視而笑。

我覺得相處時很多事情要保持的原因，除了能夠維繫感情，另一點是，任何事情只要做久了、建立模式之後就會變成一種習慣，也就不會感到彆扭，但如果突然有了改變，往往就會讓人感到不自在。

如果有人的相處是不牽手、不說愛，過了三年、五年、十年後，突然要向對方說：「我愛你。」我想你一定會感到不自在。因為說不出口的模式已經建立在彼此的相處之間了，所以我一直都認為，伴侶在生活中的相處，很多的行為都是需要被保持的。

我和馬修除了一直保持著對彼此的愛之外，另一個最重要的，就是我們對異性也都維持著安全的距離，這件事我想對情侶之間，是最重要也需要注意的，如此才能讓彼此安心，也才不會讓雙方多了猜忌和不安，這一點也是我們一直保持得很好的。

其實在人生中能遇見一個你喜歡的人，而剛好那個人也喜歡你，不只是緣分，更是一個奇蹟。畢竟在這麼大的世界裡，能夠相遇然後相愛，所以記著彼此初相遇時的那份熱情，並且永遠用心地保持下去，感情才能走得更遠。

愛的絮語

夫妻相處中曾有許多互動，時間一久可能就忘了，記得把每個愛的互動變成習慣，相愛的感動才能持續到永遠。

撒嬌

用柔性的態度轉化氣氛

夫妻兩人在相處時多一些撒嬌，不僅可以增進感情，更是種情趣，而且又能重回熱戀的氣氛裡。

先生這樣說

撒嬌是女人的專屬武器嗎？還是只有女人才應該使用這招？不，我覺得都不對，其實撒嬌這個動作對於男人來說是非常好利用的，它可以是一種調情的招式，甚至在某些重要時刻還可能是個救命絕招。

從小到大和人相處幾十年，我發現大部分的人都是吃軟不吃硬，每個人都喜歡和態度好的人相處，而不是被用強硬的方式對待，我覺得自己就是這樣，太太也是，討論事情或爭吵時，另一伴態度太硬，自己還要比對方更強硬，最後只會愈吵愈兇，感情也只會更傷而已。

男人也可以撒嬌

相處時男生不一定要行使最剛烈的方式，有時候採用柔性一點的態度，可以把嚴肅緊張的氛圍，轉化成輕鬆一些的氣氛，也許這種方式不見得對每一對的情侶都有用，但至少在我和太太的相處上，產生了很多很棒的作用，也讓我們的相處多了更多樂趣和甜蜜。

太太也覺得我撒嬌的行為很好，因為她說真正願意這樣做的男生不是很多，但其實在認識太太之前的我，並不是會撒嬌的男生，正確來說其實是，當時不會也不懂撒嬌這個方式，如果早一點知道這對相處有幫助的話，我應該會馬上把這方法學起來。就像現在太太每天回家，我都會誇獎她很美，也喜歡抱抱她或躺在她的肩膀上，雖然她常常會說很熱、很肉麻，叫我走開，但臉上都是滿滿的笑容；當她工作或生活上不順，我也會適時地對她撒撒嬌，讓她消消氣。

我和很多男性聊過，知道有些男生不會撒嬌的原因其實是不想做，還有一部分的人是覺得難為情、有點害羞，但我都會告訴那些朋友，其實在愛的人面前，應該更要放開來，而且如果這是一種可以增進感情的方式，那為什麼不試試看呢？

我覺得撒嬌其實也算是一種示愛，對自己喜歡的人，也才願意用柔軟的方式對待；撒嬌更是一種情趣，互相逗對方也會很開心，所以男生應該多一些表示，讓女人知道男人的撒嬌其實也可以很可愛，別再讓撒嬌成為女人的專利。

太太這樣想

我覺得男人對於女人撒嬌真的沒辦法應付，我家老公也是其中之一，總是對我的撒嬌很沒輒，不論爭吵後或是拜託他幫忙時都非常有用，我也問過他：「你喜歡我這樣撒嬌嗎？」他回說：「當然啊！每次這樣都更有戀愛的感覺。」

我想我們就是喜歡這樣的感覺，所以才一直很愛對彼此撒嬌。馬修本來是比較木訥害羞的個性（其實就是悶騷吧哈哈），但後來也慢慢地被我外向的個性影響，漸漸地愈來愈外放，因為他說夫妻的互動應該有來有往，如果只是單方面在做也不太好，所以他變得更外放更有趣，也常常喜歡對我撒嬌，這樣的模式對我們的生活也更加分了。

保持良好的互動

其實每天過著一樣的生活，久了會覺得單調重覆，但要怎麼讓生活變得開心，或是讓互動變得更有趣，都是要看一起生活的兩個人，如何用心去經營。態度可以決定生活應該開心、嚴肅或是平淡，但就像馬修說的，互動不該是單方面的，當另一伴撒嬌的時候，我們也應該做出反應，不然得不到回應的那一方，久了之後也會慢慢變得冷淡了。

馬修真的很怕癢，我又很喜歡搔他癢，因為覺得他的反應很好笑也很可愛，但每次要捉弄他的時候，他總會擋來擋去，我就會撒個嬌問：「你是不是不愛我了，為什麼不讓我搔癢？」每次我這樣說完，他就會一直傻笑，默默地抬起擋住的手，最後就讓我得逞了。我們從交往到結婚，一起生活到現在，都一直保持著良好的互動，他也不會因此而生氣，這也是我們樂在其中、感情一直都這麼好的其中一個原因吧。

愛的絮語

撒嬌不是女性的專利，男人也能適度地將態度放軟、製造甜蜜互動，夫妻生活才能愈過愈甜蜜。

愛情的貪心

珍惜兩人珍貴的緣分

能遇見一個能互相喜歡、相處融洽的人，應該要珍惜這難得的緣分，因為錯過就再也不會遇到了。

先生這樣說

人的慾望是無止盡的，永遠沒有滿足的一天，如果控制不住是很可怕的，就算是和再好、再美的人相處，可能都會有感到厭煩的時候，但我們應該要常常想著自己擁有什麼，而不是到底還缺了什麼，因為缺的東西是無窮無盡、補也補不完的。

其實愛情也是一樣的，在這個七十七億人口的世界中，能遇見一個對的、互相喜歡而且適合的人，就應該要珍惜這樣難得的緣分，因為錯過可能就再也不會遇到了。

如果以感覺或外表，見一個就愛一個的話很

容易，但真的要一起生活，又是另外一回事了，所以在生活中能遇到真正契合而結婚的人實為難得，所以能和太太的相遇，真的讓我感到緣分的奇妙。而且相處到現在，一直覺得她是我心中最美的女孩，我也常常誇獎她，雖然她常常說我噁心肉麻，但我還是對此樂此不疲。

多多欣賞彼此的好

我想太太除了外貌吸引我之外，還有就是她的內在優點了，她是一個脾氣好又有愛心的人，對我和孩子也都很有耐心，她的這些特質改變我許多，我也從她身上學習了不少。遇到什麼的人，你就可能會變成怎樣的人，因為每天的相處，自然而然的就潛移默化了。遇見她是一件很棒而且對的事，所以我一直都很珍惜，也不想貪心，因為身邊有一個這樣的她，已經很幸福很幸運了。

太太以前問我喜歡她什麼，我說：「光妳的外表就足以吸引我了。」

她說我太誇張。也許她覺得自己不是什麼大美女，或許在某些人眼中，太太外貌可能真的很普通，但在我眼裡，她就是個超級大美女。

愛一個人本來就是只要自己喜歡就好，因為老婆是我要娶的，是我要相處的，所以只要自己喜歡、認同就夠了。人要知足，若是心不定，貪念只會愈來愈大、永無止盡而已。多欣賞身邊人的好，而不是用盡全力挑出他的缺點，否則不論是誰在身邊，也永遠滿足不了自己。

太太這樣想

愛情最忌諱的是貪心，相反的，最重要也最需要的就是專心和用心了。喜歡一個人本來就應該一心一意，交往的時候是這樣，結婚之後更應該如此，畢竟那是相愛過後想要一起生活而做的決定，所以婚後更應該好好專心經營家庭。

記得以前和馬修剛約會時，就發現我和他的習慣很不同，我都會四處看其他人，馬修很在意我這樣子，也曾因此而吃醋，但我告訴過他很多次，我到處觀察是為了安全，也順便看看每個人的穿著，因為和我的工作是有相關的。

為什麼他會這樣在意呢？因為他每次和我出去約會時，都不會到處張望看女生，而且他到現在也還是一樣，這一點真的值得稱讚，我也告訴過他，如果他有看別的女生我也不會怎麼樣，但他說只要專心看著我就夠了，其他人他也沒興趣，這樣的態度真的讓我覺得很幸運能遇見他，相對地，我也是用一樣的態度回應他。

真誠相待才有好感情

我曾經跟馬修說過，如果有一天他被我發現有小三，我一定馬上要他簽名、立刻離開他，因為我不能接受愛情的背叛，他先是問我要簽什麼名，是不是要簽他的那幾本圖文創作？我馬上被他逗得哈哈大笑，不過後來他認真地回答，要我不用擔心，因為他老了沒錢也沒那個力氣，而且能一起走一輩子，白了頭髮牽著手在公園散步，那才是真的浪漫，才是真的愛情。

其實要習慣和一個人一起生活，是必須要花很多時間的，因為很多方面需要磨合、需要適應。我們的生活不是很富裕，但只要能在一起就覺得很開心。愛情也很需要用心栽培的，伴侶之間只要一心一意、真誠相待，彼此都能感受得到。

也許有人會問：「可是有時候全心對待對方，不見得會得到回報啊！」

但是，愛本來就是需要付出才有可能得到回饋，若不去在意這段關係，隨隨便便對待，最後只會換來不開心的感情。

愛的絮語

愛情裡的貪心常因為不懂珍惜、不看彼此的優點才得不到滿足，所以要多欣賞身邊人的好，真誠對待彼此，才會有美滿的愛情。

依靠

夫妻就是要共患難

就算有了孩子更加忙碌，夫妻也不會因此忽略了彼此，因為要陪伴自己最久的，就是最愛的另一伴。

先生這樣說

我們在年幼的時候，最大的依靠就是父母了，他們照顧我們、呵護我們，就像是我們的全世界；爸爸也跟我說過，男人要有肩膀，也應該要做女人的依靠，他已經離開我二十年了，但直到現在，我還是依舊記著他的教誨。

婚後離開原生家庭在外面住，雖然也常常回家，不過結婚後依靠的對象，也慢慢從父母變成每天相處的另一伴了。

婚姻生活需要同心協力

夫妻生活要延續感情的基礎，就是互相支

援、共患難，就如太太每個月的生理期時，都會特別累特別煩躁，或工作過於勞累時，我就會負擔起大部分的家事，讓她多一些休息；相對的，有時我身體不適或需要加班時，太太也會把事情攬起來做。

小孩出生後，我們生活的重心也開始放在孩子身上，互相支援的狀況當然愈來愈多，因為除了家事之外，還要負起照顧孩子的責任，所以我們只要有一方不舒服或不方便，另外一個人都會承擔起所有事。就連有時候我壓力太大，想打電動紓壓時，太太也會陪小孩睡覺，讓我享受一個人的時間，盡情地玩遊戲放鬆。她給予的支援和依靠，讓我真的很感謝她。

以前以為做家事沒什麼，但獨立生活之後，才了解做家事真的不簡單。每天要重覆著洗奶瓶、洗碗、拖地、洗衣服，晚上還得起床看看孩子、幫他蓋被子，哭泣時安撫他。雖然忙碌，但我和太太還是很關心對方，從不會因為有了孩子後，而改變對彼此的態度，因為我們都很清楚，將來孩子也會有自己的生活，所以陪伴自己最久的，就是最愛的另一伴，也希望未來能和彼此走到永遠、一輩子能依靠著對方。

在我寫這本書的同時，太太也已經懷第二胎了，看著她要再次承受孕吐、肚子不舒服，在旁邊陪著的我覺得非常心疼，所以除了更愛她之外，也要把所有的責任一肩扛起，讓她能夠盡情地依靠我。

太太這樣想

除了幫忙彼此生活中的大小事，精神上給予的依靠更是不能缺乏，因為同心協力才能帶給彼此更大的力量，一起解決大大小小的挑戰，順利地一起走到未來。

去年馬修出了一些大狀況，他接到電話時看起來真的很焦慮、手足無措，一直問我怎麼辦，接著就急急忙忙地出門處理事情了。那時我傳了訊息給他：「不要擔心，沒事的，我會跟你一起處理，不要給自己太大的壓力。」再附上一張我的存摺簿的照片。當下他沒有馬上回訊息，但我想一定是沒心思看手機了，只能幫他祈禱，希望事情能順利解決。

他處理完事情後，一看到我就眼眶泛淚地抱住我，直說：「謝謝、謝謝妳~真的謝謝妳在這個時候讓我依靠。」我一邊安慰著他，也一直鼓勵他：「我會陪著你一起解決困難。」

後來他洗完澡躺在床上一下就睡著了，看著他疲憊的臉，想必是背負了很大的壓力在身上，所以我更需要給他強大的依靠、幫助他，才能讓他更堅強。夫妻就是如此，以前我需要幫忙時，他也總是不埋怨、全心全意地幫忙我，現在他遇到困難，做妻子的當然要支持他。

因為愛所以願意付出

常常聽馬修說，女性真的很了不起，我問他為什麼，他說：「女生真的很堅強啊，除了要面對生孩子的辛苦之外，有時候看到獨自帶著孩子成長的單親媽媽，真的很佩服她們，覺得女性的堅韌度很強，常常為了孩子付出一切真的好偉大。」我想也許是因為他真的很尊重女性，也真心覺得女性很偉大，所以在我生下孩子之後，我認為他更愛我了。不論是在當初懷兒子時，還是現在懷著二寶，他對我的態度都是一樣的，很多事情都願意多承擔，我曾經開玩笑說：「你每天做這麼多家事，會累嗎？」他說：「當然會累啊！但家裡的事總要有人做，而且妳現在又懷孕，妳多休息就好。」

我笑著跟他說：「謝謝。」

我們在彼此給予幫助時，都會說聲謝謝也會更愛對方，因為每一次給予彼此的依靠，都是因為愛著對方才願意付出的。

愛的絮語

生活中有許多事情都是考驗，若伴侶能互相支援、給予心靈安慰，那麼再大的風雨，也能肩並肩一起走過。

出了問題先不要放棄

用心經營才有幸福的可能

夫妻能走到今天都很得來不易，所以當感情出了狀況，不要輕易放棄，一起解決問題才能從中懂得感激、學會珍惜。

先生這樣說

結婚這麼多年了，我和太太還是常常討論當時的求婚計劃，那是經過很多次的思考與設計才規劃出來的，也找了好多朋友一起來幫忙。

我費盡苦心地經營了一個完美的求婚記，過程很搞笑也很歡樂。其實那時很擔心安排得不好，也怕太太會拒絕我，不過幸好最後我的真誠還是感動了她，也順利地把太太娶回家了。雖然過程中太太好幾次地鬧我，一直故意不說YES，害我大忘詞還緊張得發抖，但我永遠都記得結婚後她對我說：「腦公，謝謝你為我安排這個求婚，我真的很感動，謝謝。」

讓愛情經得起考驗

在家裡打電動或工作時，太太常常會走到飲水機倒杯水，再緩緩地走到我面前說：「這杯水給你，記得要多喝點水。」「謝謝。」我很感激地回應她。下班的時候我也都會打電話給太太：「妳要吃什麼還是喝什麼？」買食物回家的時候，太太也都會跟我說聲謝謝。當我工作忙到不可開交，太太總是會把孩子帶出門，讓我專心工作，我也總是不吝嗇地對她說：「謝謝妳，辛苦妳帶孩子了。」

我們相處這麼多年了，對於生活所有事情，總是記得對彼此說謝謝，可能有很多人會認為在一起久了都像家人了，幹嘛如此客套？但有時候，我們就是太輕易地把別人的付出視為理所當然，就忘了珍惜彼此。

也許只是簡單的倒一杯水，或者順便買了飲料或晚餐，看起來好像都只是一件小小的事情，但這些都是每個人認真且用心的付出。懂得感恩對方的小舉動，才會更珍惜彼此的感情。

從認識的第一天直到現在，我們還是很珍惜彼此、更懂得感激對方，因為我們知道累積這麼久的感情，都是得來不易的，所以就算偶爾吵架，我們也不會鬧到冷戰或是逃避問題，因為感情出了問題，最需要的應該是修補，而不是隨意放棄。

拋棄愛情其實是最輕易最簡單的方式，也許再找下一任就好，但我覺得最好的愛情是能珍惜彼此，遇到問題就一起面對，因為修煉過的感情，未來才更經得起考驗。

太太這樣想

能夠找到一個完全契合的人，除了幸福應該也是幸運吧，因為人與人相處，本來就需要磨合才可能生活得更融洽，所以相處出了問題，應該要用心、用力地修補，而不是選擇放棄，就算逃離問題也都只是短暫的，如果沒自我修正或共同面對，問題還是會回來找你。

一起生活遇到爭執很正常，也很難避免，我和馬修相處快九年了，多少也會有因為意見不同而爭執。不過我們都不喜歡冷戰，所以很快就會和好，之後我們也會好好溝通、彼此的想法和在意的點，達到彼此的平衡點，這樣才能算真正解決問題。他有我不能忍受的習慣，我也有他不能接受的事情，但我們總是會把這些拿出來討論，有時候是正經的對談，有時也會互相調侃對方，還會說到哈哈大笑。

思考對方的感受再說話

我覺得說話的態度很重要，如果好好說話，每個人都比較能接受，所以我們也常常在開心的氛圍下協調了很多事。生活在一起，話說得不好，是最容易引起爭吵的，因為彼此是最在意的人，也會很在意說話的態度，如果說話都不考慮對方的感受，感情因此變得不好，最終吃虧的還是自己。

我們都不是完美的人，但只要不是犯下滔天大錯，對彼此都可以有一些包容。試著花時間去了解另一伴，因為不理解彼此的想法，兩個人都會很辛苦。兩個互相喜歡對方的人，相信只要願意好好談，很多爭執都可以好好化解。

或許有人說下一段的戀愛也許會更好，但如果是不好的呢？還要繼續換下一個？換一段新感情也許很容易，但遇到的問題不解決，下一次問題還是會再出現，所以遇到問題時應該好好去面對，兩個人認真溝通一起解決問題，才是更成熟的方式，溝通後的彼此，感情也會更加融洽。

愛的絮語

就算兩人再成熟，也會有犯下錯誤的時候，只要願意好好談、釐清問題所在，才能繼續面對更多未來的考驗。

承諾

對彼此一生鍾情

走過這些日子、度過那些難關，因為有彼此的照顧與陪伴，
兩人才能繼續相親相愛，往前邁進。

先生這樣說

我覺得在愛情中，兩個人相愛的承諾，真的是件很美好的事，它是愛的表達，也是一種珍貴的約定。表白那刻，是愛和專情的承諾；結婚那天，是彼此牽手生活的承諾；還有生育孩子時，更希望能共同一起老去的承諾，這些都是我和太太之間的約定，而承諾這件事，不該隨便說出口，而是更應該要說到做到。

到現在依然不變的承諾

和太太第一次約會的那天同時向她告白，也對她許了承諾。我很認真地告訴她，在她面前的

我，以及將來和她交往的我，不管過了多少日子之後，愛她的心不會改變，也會認真地為她調整我所有的缺點。

從那一天直到現在，我不敢說自己做到一百分，但的的確確遵守了當時對她的承諾，結婚後建立了屬於我們的家庭，有一個兒子，也準備迎接二寶。如果嚴格要說有變化的，我沒做到的部分，也只有我的身材走樣、肚子變大而已吧！

「我會愛妳一輩子」「我會和你一起到老」，這一字一句都是我覺得最棒、也是最美的言語。在這世界上能遇見互相喜歡的人，一起走一輩子，真的不容易也很幸運，而且從剛開始的一見鍾情，到一輩子的一生鍾情，除了相愛之外，還要花很多很多的心思，才能做得到。

但要能做到這些，在愛情中確實不是件容易的事，因為人與人在一起時會發生很多磨擦，每天繁瑣的小事，或是生活中的柴米油鹽，都會影響彼此的感情，唯有共同面對問題、互相磨合，一同解決它，才能讓感情維持得更好更久。我現在常常還是會和太太想起初次約會時的我們，還有結婚時願意許下承諾、夢想一起攜手到白髮的我們，這些美好的時刻，讓我們非常感動也更加珍惜。

太太這樣想

愛情裡每一個承諾許得愈大愈重，說得再美麗再漂亮，其實最後都需要時間來證明一切，若是沒辦法實現，再美的諾言也只會是個幻影。先生向我告白時對我許下承諾，他說不管未來交往多久，他對我的愛一定會永遠不變。當時的他很誠懇很認真，但我以為他只是因為喜歡我、想追到我，才會說出這樣的諾言，所以我也沒特別放在心裡。

剛開始熱戀一定什麼都美好，不過漸漸的，謀合不了的情侶，最後可能就會走向分手；相處融洽感情好的，可以牽著手共度一輩子。人與人相處真的需要時間，也只有時間才能證明承諾是否真的有兑現，而我和先生在這些年之中，看見了他當初承諾會一直愛我，也會努力學習共同生活的態度和用心。

未來也要一起走下去

在和他交往時，其實沒有對他承諾什麼，雖然偶爾也喜歡浪漫，但精準來說，我是個務實的女人，能做到的我才願意說，若隨便承諾卻又做不到，才是更傷人的。所以雖然我不太會說很多漂亮話，但在愛情裡，我很願意也都很直接地付出，因為我認為自己做出的每一件事，能讓對方看到或感受到了，才真的有意義。

人與人長時間相處必然要經歷很多的考驗，我和馬修也不例外。我們從認識到結婚，度過許多的日子。每天相處的時光裡有很多的開心，在教育孩子、生活上的習慣難免意見不同，偶爾也會有爭吵。雖然各自在不同的階段也會遇到種種難題，但彼此依然會互相給予鼓勵，也一同面對、解決問題，因為當初決定要結婚、許下諾言，就是希望能共度一生。

一路以來，我們一起走過三千多個日子，這些時間得以證明，當初我們對彼此承諾的輪廓，還是保持得很清晰。

愛的絮語

給出承諾很簡單，堅守下去不容易。夫妻記得要互相珍惜，無論任何困難也不要輕易放手，才能迎向幸福的未來。

今天起我們就是家人

從愛情到婚姻，雖然不容易但一切很值得

作　者　馬修、馬修太太
編　輯　吳雅芳
校　對　吳雅芳、洪瑋其、黃子瑜
　　　　馬修、馬修太太
封面插畫　吳靖玟
美術設計　吳靖玟

發行人　程顯灝
總編輯　呂增娣
編　輯　吳雅芳、簡語謙
　　　　洪瑋其、藍匀廷
美術主編　劉錦堂
美術編輯　吳靖玟、劉庭安
行銷總監　呂增慧
資深行銷　吳孟蓉
行銷企劃　羅詠馨
發行部　侯莉莉
財務部　許麗娟、陳美齡
印　務　許丁財
出版者　四塊玉文創有限公司

總代理　三友圖書有限公司
地　址　106台北市安和路二段二一三號四樓
電　話　（02）2377-4155
傳　真　（02）2377-4355
E-mail　service@sanyau.com.tw
郵政劃撥　05844889 三友圖書有限公司

總經銷　大和書報圖書股份有限公司
地　址　新北市新莊區五工五路二號
電　話　（02）8990-2588
傳　真　（02）2299-7900

製版印刷　卡樂彩色製版印刷有限公司

初　版　二〇二〇年九月
定　價　新台幣三二〇元
ISBN　978-986-5510-35-0（平裝）

國家圖書館出版品預行編目(CIP)資料

今天起我們就是家人：從愛情到婚姻，雖然不容易但一切很值得 / 馬修、馬修太太作. -- 初版. -- 臺北市：四塊玉文創, 2020.09
面；　公分

ISBN 978-986-5510-35-0（平裝）

1. 婚姻 2. 兩性關係 3. 家庭關係

544.3　　　109012199

廣　告　回　函
台北郵局登記證
台北廣字第2780 號

地址：　　　　縣/市　　　　　鄉/鎮/市/區　　　　　路/街

段　　　巷　　　弄　　　號　　　樓

SANYAU

三友圖書有限公司 收

SANYAU PUBLISHING CO., LTD.

106　台北市安和路2段213號4樓

SANYAU
三友圖書
讀書俱樂部

「填妥本回函，寄回本社」，即可免費獲得好好刊。

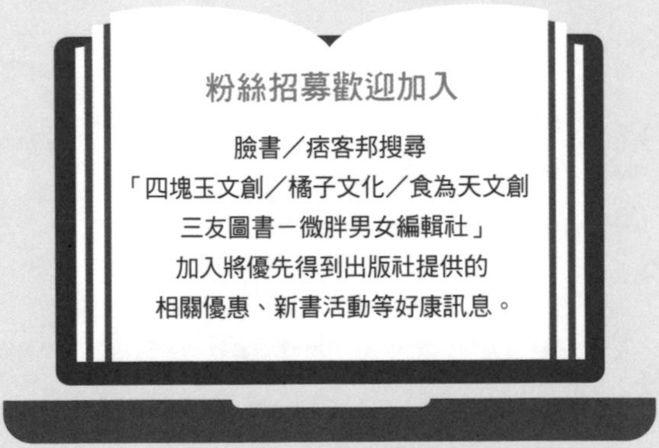

四塊玉文創╳橘子文化╳食為天文創╳旗林文化
http://www.ju-zi.com.tw
https://www.facebook.com/comehomelife

【黏貼處】對折後寄回，謝謝。

親愛的讀者：

感謝您購買《今天起我們就是家人：從愛情到婚姻，雖然不容易但一切很值得》一書，為感謝您對本書的支持與愛護，只要填妥本回函，並寄回本社，即可成為三友圖書會員，將定期提供新書資訊及各種優惠給您。

姓名＿＿＿＿＿＿＿＿ 出生年月日＿＿＿＿＿＿＿＿

電話＿＿＿＿＿＿＿＿ E-mail＿＿＿＿＿＿＿＿

通訊地址＿＿＿＿＿＿＿＿

臉書帳號＿＿＿＿＿＿＿＿

部落格名稱＿＿＿＿＿＿＿＿

1 年齡
☐18歲以下 ☐19歲～25歲 ☐26歲～35歲 ☐36歲～45歲 ☐46歲～55歲
☐56歲～65歲 ☐66歲～75歲 ☐76歲～85歲 ☐86歲以上

2 職業
☐軍公教 ☐工 ☐商 ☐自由業 ☐服務業 ☐農林漁牧業 ☐家管 ☐學生
☐其他＿＿＿＿＿＿＿＿

3 您從何處購得本書？
☐博客來 ☐金石堂網書 ☐讀冊 ☐誠品網書 ☐其他＿＿＿＿＿＿＿＿
☐實體書店＿＿＿＿＿＿＿＿

4 您從何處得知本書？
☐博客來 ☐金石堂網書 ☐讀冊 ☐誠品網書 ☐其他＿＿＿＿＿＿＿＿
☐實體書店＿＿＿＿＿＿＿＿ ☐FB（四塊玉文創／橘子文化／食為天文創 三友圖書－微胖男女編輯社）
☐好好刊（雙月刊） ☐朋友推薦 ☐廣播媒體

5 您購買本書的因素有哪些？（可複選）
☐作者 ☐內容 ☐圖片 ☐版面編排 ☐其他＿＿＿＿＿＿＿＿

6 您覺得本書的封面設計如何？
☐非常滿意 ☐滿意 ☐普通 ☐很差 ☐其他＿＿＿＿＿＿＿＿

7 非常感謝您購買此書，您還對哪些主題有興趣？（可複選）
☐中西食譜 ☐點心烘焙 ☐飲品類 ☐旅遊 ☐養生保健 ☐瘦身美妝 ☐手作 ☐寵物
☐商業理財 ☐心靈療癒 ☐小說 ☐其他＿＿＿＿＿＿＿＿

8 您每個月的購書預算為多少金額？
☐1,000元以下 ☐1,001～2,000元 ☐2,001～3,000元 ☐3,001～4,000元
☐4,001～5,000元 ☐5,001元以上

9 若出版的書籍搭配贈品活動，您比較喜歡哪一類型的贈品？（可選2種）
☐食品調味類 ☐鍋具類 ☐家電用品類 ☐書籍類 ☐生活用品類 ☐DIY手作類
☐交通票券類 ☐展演活動票券類 ☐其他＿＿＿＿＿＿＿＿

10 您認為本書尚需改進之處？以及對我們的意見？

＿＿＿＿＿＿＿＿

感謝您的填寫，
您寶貴的建議是我們進步的動力！

【黏貼處】對折後寄回，謝謝。

love

love